KA

ET AUTRES CASSE-TÊTE AMUSANTS

Rassemblés par

Kjartan Poskitt

Illustrations de Philip Reeve

Texte français du Groupe Syntagme inc.

Éditions SCHOLASTIC

À ma grand-mère, Margaret Fenton, qui a 100 ans.
Si ce livre était un recueil de mots croisés,
elle le terminerait en 20 minutes.

ISBN 0-439-94183-0
Titre original : *Kakuro and Other Fun Number Puzzles*

Édition publiée par les Éditions Scholastic,
604, rue King Ouest, Toronto (Ontario) M5V 1E1.

5 4 3 2 1 Imprimé au Canada 06 07 08 09

TABLE DES MATIÈRES

Introduction

UN SOIR, DANS LES BUREAUX DE MATHS À MORT
MM
... si c'est un 5, alors le 3 doit aller là, à moins que...

Il y a quelques semaines, il ne faisait pas bon se trouver au quartier général de l'Organisation Maths à mort. Minuit était passé depuis longtemps, et il régnait un silence pesant. On aurait pu penser que l'endroit était désert, et pourtant… toutes les lumières étaient allumées, et tout le monde griffonnait frénétiquement sur tout ce qui lui tombait sous la main : bouts de papier, vieux billets de cinq dollars, boîtes de pizza. Certains allaient jusqu'à écrire sur les pizzas elles-mêmes! Mais pourquoi?

À cause des SU DOKU. L'Organisation avait déjà publié son propre recueil de Su Doku acclamé-par-la-critique-best-seller-international-merveilleusement-détaillé-à-la-reliure-exquise-offert-à-un-prix-raisonnable-idéal-pour-la-salle-de-bain, mais à cause de ce livre, tout le monde était complètement possédé par ces casse-tête diaboliques. Tous les membres de l'Organisation – de la grande directrice au simple arroseur de caoutchoucs (les plantes, bien sûr!) – étaient assis en silence et essayaient de remplir des grilles. Le plancher était jonché de notes et de plans qui devaient les aider à trouver les solutions. Mais dès qu'une grille était remplie et vaincue, deux autres se dressaient pour la remplacer. Pendant que tous combattaient courageusement pour venir à bout de la nuée infinie* de Su Doku, le téléphone sonnait en vain, le café restait dans les tasses sur le coin des bureaux, la grande directrice oubliait de se vernir les ongles, les caoutchoucs manquaient d'eau, et toutes les activités de l'Organisation étaient interrompues.

On aurait dit que rien ne pouvait contrer la malédiction du Su Doku qui pesait sur tout le monde… jusqu'à ce que, un matin, un nouveau casse-tête fasse son apparition. Il allait sauver l'Organisation, et peut-être même le monde.

Ce nouveau casse-tête est le KAKURO. Il ressemble un peu au Su Doku parce qu'il s'agit d'une grille de chiffres à remplir, mais en plus de mettre ta logique à l'épreuve, il fait aussi appel à tes capacités de calcul. En fait, il ne comporte qu'un danger : il est tellement amusant qu'on craint que le monde entier n'abandonne le Su Doku et se tourne plutôt vers le Kakuro. C'est pourquoi, en plus des nombreuses grilles de Kakuro vraiment chouettes, tu trouveras aussi d'autres casse-tête dans ce livre. Et, évidemment, au cas où tu te sentirais en manque, nous avons ajouté quelques Su Doku, en souvenir du bon vieux temps.

(*En fait, si tu as lu notre livre sur le Su Doku, tu sais qu'il existe 6 670 903 752 021 072 936 960 grilles de Su Doku. D'accord, ce n'est pas un nombre infini, mais c'est bien suffisant pour t'occuper quelque temps.)

Kakuro

Voici un Kakuro très simple. Pour le remplir, il faut inscrire un chiffre de 1 à 9 dans chaque case vide.

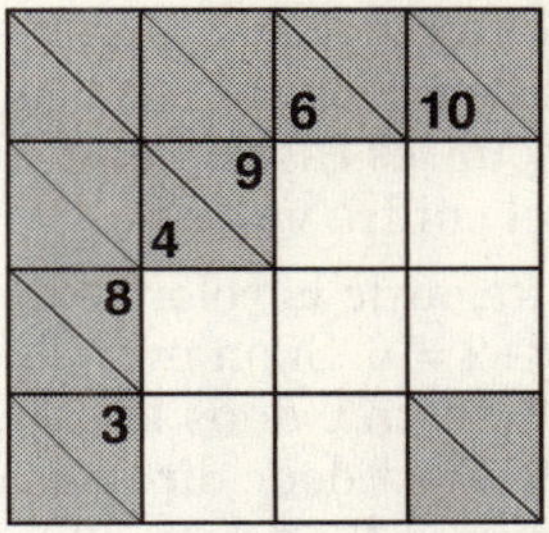

Jette un œil à la case où se trouvent un 4 et un 9. Le 4 signifie que les chiffres des deux cases du dessous doivent donner un total de 4. Ils doivent être différents.

Aussi, les chiffres des cases qui se trouvent à la droite du 9 doivent donner un total de 9 et doivent aussi être différents l'un de l'autre. Les autres chiffres des cases grises indiquent aussi le total auquel on doit arriver en additionnant les chiffres de chaque colonne et de chaque rangée.

Voici le même casse-tête; on y a ajouté des lettres pour faciliter les explications.

Nous savons que les chiffres a+b = 4. Nous savons aussi que b+e = 3.

C'est là que ça se complique. Si on doit trouver deux chiffres différents qui donnent 4, c'est forcément 1+3. Deux chiffres différents qui donnent 3, c'est forcément 1+2.

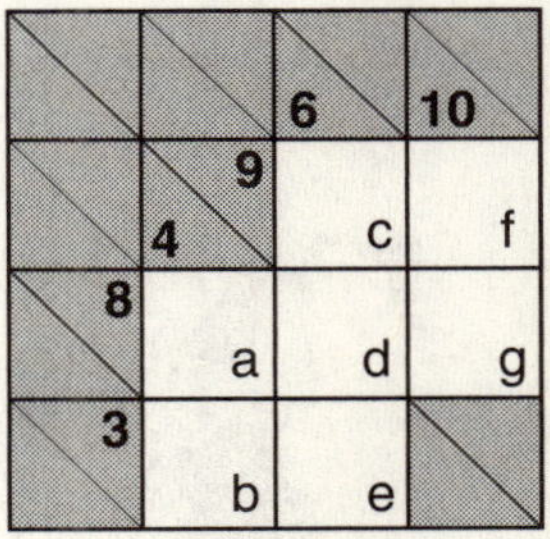

Comme la case b fait partie de la colonne du 4 et de la rangée du 3, on doit forcément y inscrire le chiffre 1. On sait alors que a=3 et que e=2.

On continue?

Maintenant, examinons la rangée du 8. Nous savons que 3+d+g = 8.

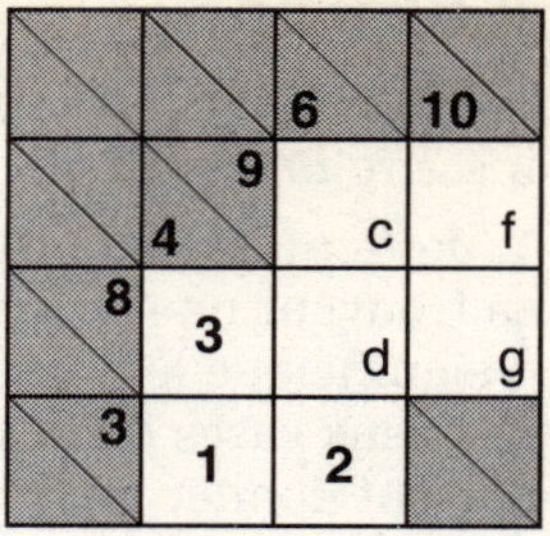

Il y a deux façons d'arriver à 8 en additionnant trois chiffres : 1+2+5 ou 1+3+4. Comme le 3 est déjà placé, il reste le 1 et le 4 pour les cases d et g, mais quel chiffre va où?

Regarde la colonne du 6. Elle nous apprend que c+d+2 = 6. Si on mettait un 4 dans la case d, il faudrait mettre un 0 dans la case c, mais on ne peut pas utiliser le 0. C'est donc dire que d=1 et c=3. On a presque terminé! Il ne reste plus que les cases f et g, et la réponse devrait maintenant être évidente :

(Si les dernières réponses ne te sautent pas aux yeux, ne t'inquiète pas. Tu n'as qu'à abandonner tout espoir de jamais remplir un Kakuro. Tiens, tu pourrais colorier les illustrations du livre. Il n'y a pas de honte à cela. En fait, bon nombre des personnes qui ont une dépendance au Kakuro regrettent de ne pas s'être contentées du coloriage.)

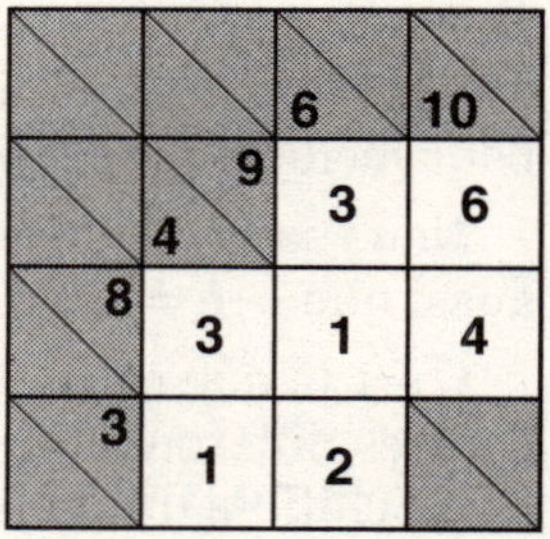

ASTUCES

LA CASE ISOLÉE

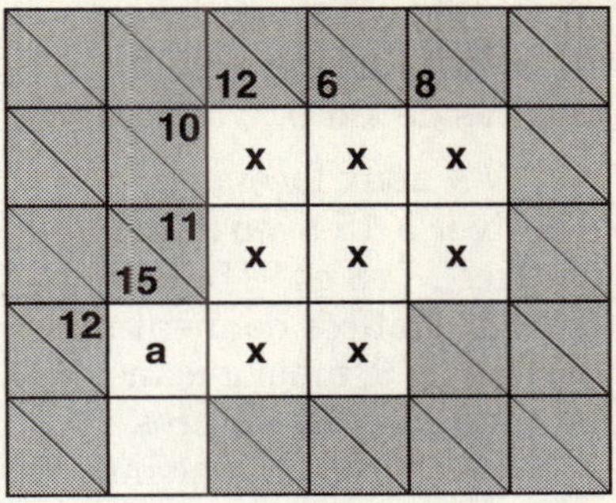

Voici une partie d'un plus grand casse-tête. Avant même de commencer, on peut deviner le chiffre qui va dans la case a!

Tu vois les chiffres 12, 6 et 8? Ils indiquent que, en additionnant les chiffres de toutes les cases x, on arrive à 12+6+8 = 26.

Maintenant, jette un coup d'œil aux rangées horizontales. La somme des chiffres qui vont dans les cases x PLUS le chiffre de la case a donne 10+11+12 = 33. Comme 33-26 = 7, on sait que a=7.

QUI VA LÀ?

Voici une autre partie d'un casse-tête. Tu peux découvrir le chiffre x sans même avoir rempli les cases a, b, c ni d!

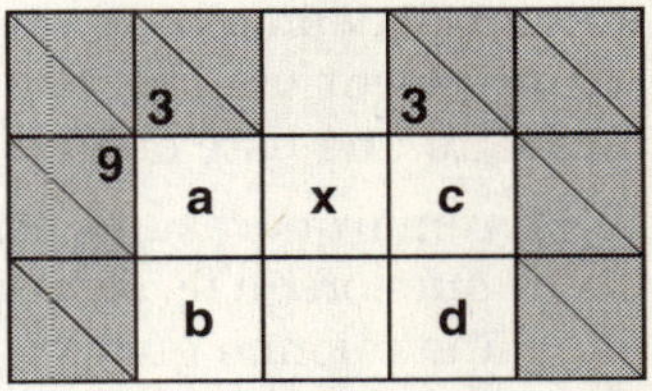

Dans cette grille, a+b = 3, ce qui signifie que a correspond à 1 ou à 2. De même, c+d = 3, donc c est aussi forcément 1 ou 2. Mais comme a et c se trouvent sur la même rangée, ils ne peuvent pas être identiques : l'un est 2 et l'autre est 1. Nous ne savons pas lequel va où, mais ce que nous savons, c'est que a+c = 3. Comme la somme de la rangée doit donner 9, x est forcément 6.

LA SEULE SOLUTION

Quel chiffre va dans la case q? Souviens-toi que tu ne peux utiliser que des chiffres de 1 à 9.

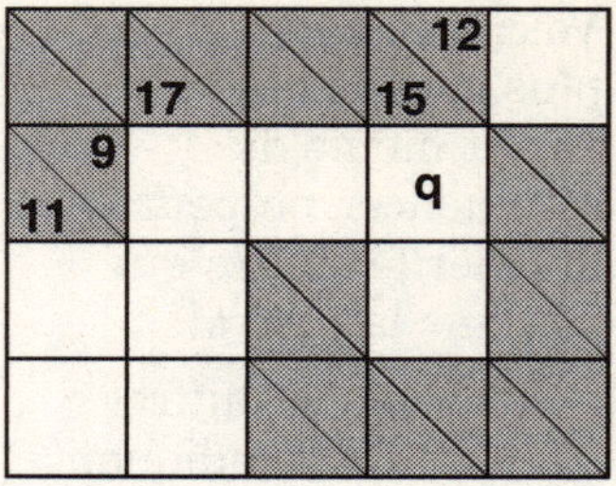

Il y a deux façons d'arriver à 15 avec deux chiffres : 7+8 et 9+6. Trois trios de chiffres donnent une somme de 9, mais aucun ne comprend les chiffres 7, 8 ou 9. On doit donc inscrire un 6 dans la case q.

NOMBRES UTILES

Certains nombres peuvent nous faciliter les choses. Supposons qu'on a une rangée de trois cases vides qui se termine par un 7. La seule solution possible est 1+2+4; le chiffre 7 est donc particulièrement utile. Si une rangée de trois cases se termine par un 9, il y a plusieurs possibilités : 1+3+5, 2+3+4 ou 1+2+6. Le 9 n'est donc pas très utile. (Évidemment, si tu as déduit que l'une des cases doit comprendre un 4, tu sais automatiquement que les deux autres cases comprennent un 2 et un 3.) Tu trouveras sur la page de droite une liste de tous les nombres utiles.

Tu remarqueras que ces nombres ne sont vraiment utiles que lorsqu'ils se trouvent dans une rangée ou dans une colonne qui comprend le bon nombre de cases vides. P. ex., le nombre 29 est utile quand il y a quatre cases vides, mais quand il y en a cinq, il peut y avoir huit combinaisons différentes!

Nous te conseillons de plier le coin de la page 11 pour pouvoir retrouver facilement le tableau. Tu verras, il est très utile!

Nombre de cases vides	Nombre utile	Seule combinaison possible
2	**3**	1 + 2
	4	1 + 3
	16	7 + 9
	17	8 + 9
3	**6**	1 + 2 + 3
	7	1 + 2 + 4
	23	6 + 8 + 9
	24	7 + 8 + 9
4	**10**	1 + 2 + 3 + 4
	11	1 + 2 + 3 + 5
	29	5 + 7 + 8 + 9
	30	6 + 7 + 8 + 9
5	**15**	1 + 2 + 3 + 4 + 5
	16	1 + 2 + 3 + 4 + 6
	34	4 + 6 + 7 + 8 + 9
	35	5 + 6 + 7 + 8 + 9

TRUFFE, NOTRE EXPERT, TE DONNERA QUELQUES CONSEILS POUR COMMENCER. BONNE CHANCE!

Casse-tête vraiment simples

1

Dans la ligne du bas, le total de la première série de trois cases est 7 : on doit donc y inscrire les chiffres 1, 2 et 4. Par contre, on ne peut pas mettre un 4 ni un 2 directement sous le 4; c'est donc le chiffre 1 qui occupe cette case. Tu peux utiliser le même truc pour remplir SIX autres cases sur le bord de la grille! Tu devrais aussi remarquer que la case du coin supérieur gauche et celle du coin inférieur droit doivent comprendre un 9! Regarde toujours si, dans les coins, il y a des paires de cases qui donnent un total de 16 et de 17.

2

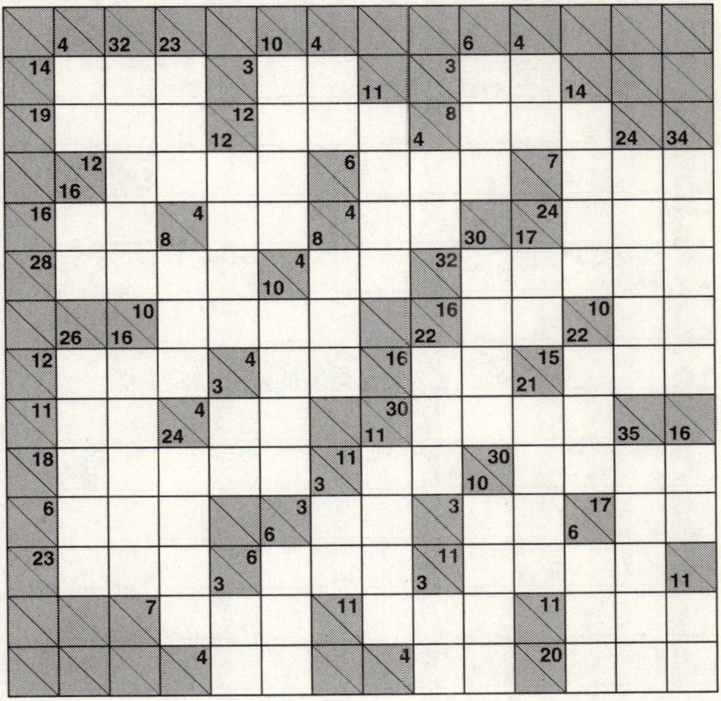

La première case vide de la ligne du bas doit comprendre le chiffre 1. Souviens-toi de l'exemple de la page 7 : repère les coins où deux paires de cases doivent donner un total de 3 et de 4. Dans ce casse-tête, il y a QUATRE autres cas! Le 34 sur le bord de droite est utile : grâce à lui, on sait que cette colonne doit comprendre les chiffres 4, 6, 7, 8 et 9. Le chiffre du haut est forcément 4, parce que c'est le seul qui peut être utilisé dans la rangée du 7.

3

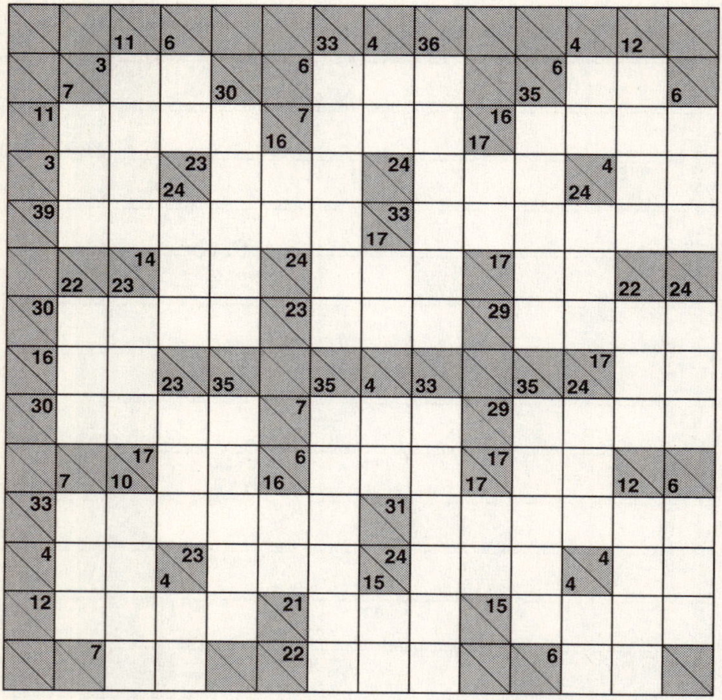

Dans ce casse-tête, tu peux utiliser à trois reprises le truc que je t'ai donné dans le premier casse-tête. En passant, le 39 accompagné de six cases vides est utile! La seule combinaison possible est 4+5+6+7+8+9.

4

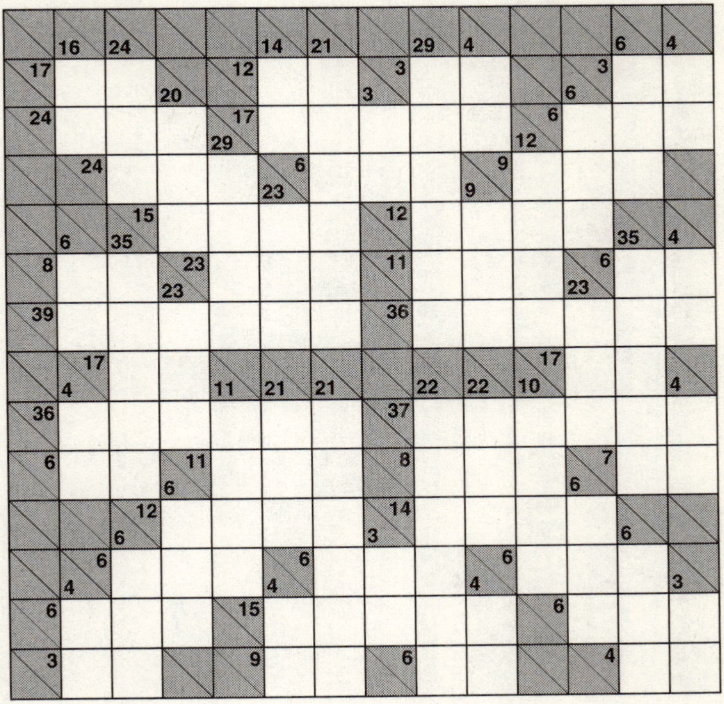

Les chiffres 21 et 22 accompagnés de six cases vides sont utiles : 21 = 1+2+3+4+5+6 et 22 = 1+2+3+4+5+7.

5

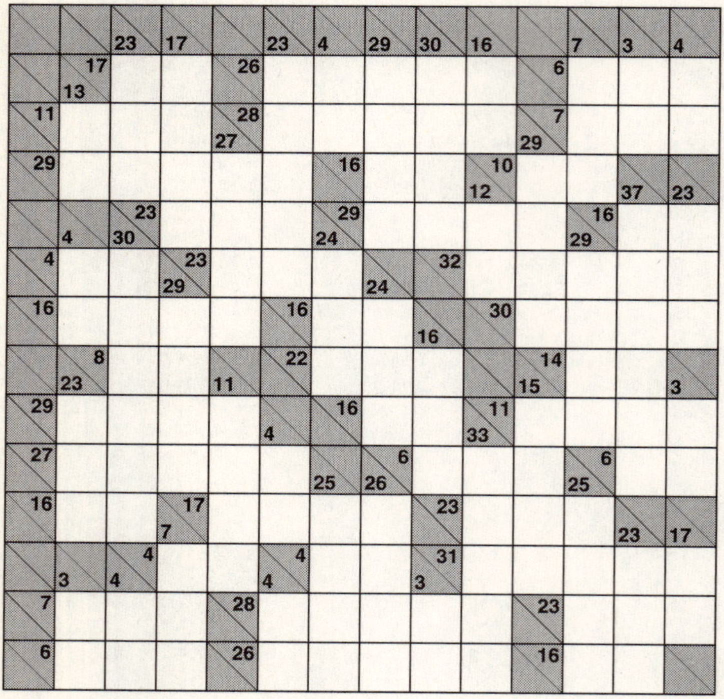

N'oublie pas que le 29 accompagné de quatre cases vides est utile : 9+8+7+5. Il y en a six dans ce casse-tête.

6

\	28\	22\	\	14\	30\	\	29\	13\	\	28\	22\
\4			14\16			\16			14\4		
\35						14\35					
\23				\22				\23			
\3			10\	11\24				13\	11\3		
\16					6\	\	4\21				
\	\	\6				\7				\	\
\	26\	28\7				\6				26\	28\
\22					29\	14\	28\18				
\3			14\	\22				\	14\3		
\24				16\23				16\24			
\35						\35					
\4			\17			\17			\4		

7

\	22\	28\	10\	14\	29\	\	23\	3\	4\	19\	34\
\34						\16					
\35						16\22					
\4			4\	\23				\	3\16		
\7				22\24				26\7			
\14					17\	\	16\13				
\	\	\	\17			\17			\	\	\
\	28\	22\	4\16			\16			17\	16\	31\
\12					27\	16\	24\30				
\7				\23				\19			
\4			14\	12\24				17\	4\4		
\35						\18					
\34						\31					

8

■	24\	22\	■	14\	32\	■	29\	13\	■	24\	22\
\6			14\16			\16			14\6		
\35						20\35					
\23				\23				\23			
\3			■	12\7				12\	\3		
\4			3\34						4\4		
■	■	\4			■	■	\4			■	■
■	26\	28\3			23\	23\	32\3			26\	28\
\14			\26						\14		
\4			14\	\10				■	14\4		
\24				16\23				16\24			
\35						\35					
\3			\17			\17			\3		

9

\	31\	16\	4\	24\	\	17\	16\	\	\	31\	24\
\24					\17			17\	\17		
\14					16\24				16\16		
\4			21\15			14\	27\30				
\23				20\22				13\14			7\
\24					23\18				25\4		
\	16\	27\24				\15					
\26						3\23				19\	32\
\16			4\6				3\23				
\	7\7			9\8				6\6			
\10					17\	16\3			16\16		
\4			\23				\16				
\3			\	\16			\26				

10

24 19 18 13 26 16 29
18 14 17 16 14 16
21 39 28
19 16 38 14 16
35 6 7 16 3
9 16 4 6 7
3 17 6 3 10 13
10 11 3 27
3 29 4 25 7 22
10 17 15 14 7 4
14 16 17 30 13
39 19
17 17 12

11

\	24\	23\	\	30\	17\	\	\	16\	30\	\
\17			\16			17\	\17			23\
\16			30\23				35\21			
\30					16\15			16\16		
\	\	24\23				15\30				
\	16\16			35\29					24\	17\
\30					16\16			30\16		
\17			16\14			13\30				
\	23\	30\30					30\17			\
\30					17\24				24\	23\
\16			16\15			16\30				
\22				\22				\14		
\	\17			\	\17			\16		

12

27 3 4 23
4 29 5 7 4 29
11 23 11 24
16 17 34 8 34
24 17 24
23 16 16 23 17
13 17
11 17 23 23 16 24 23 11
6 16 7
7 17 12 6 16
4 28 17 4 17
29 29
16 16

13

Attention! Ce casse-tête ressemble beaucoup à celui de la page précédente. Concentre-toi pour ne pas les confondre!

14

15 4 7 6 15 35
6 7 3 12 23
9 4 3 23 17
4 15 26 16 36
10 30
3 4 17 16
7 14
3 15 13 35
14 7 8 9 16 23
14 30 24 23
4 30 4 16 16
8 16 21
3 17 14

15

■	13\	12\	17\	■	■	■	■	4\	12\	17\
\23				11\	■	■	14\6			
\15					16\	17\26				
\4			30\30					21\6		
■	\11			17\17			16\4			■
■	■	\16			■	\16			■	■
■	■	26\17			16\	17\17			14\	■
■	6\14			10\16			13\5			24\
\4			6\30					14\16		
\12					■	\28				
\17				■	■	■	\13			

16

■	26\	28\	■	■	3\	10\	■	4\	17\	6\
\4			■	7\4			\6			
\14			14\7				11\7			
\30					5\3			3\8		
\23				11\16						■
\3			4\4			5\6			28\	22\
■	■	27\6			10\3			14\10		
■	7\17						16\24			
\4			7\4			4\30				
\11				\16				\4		
\19				\3			■	\3		

17

■	9\	15\	17\	■	■	■	■	16\	13\	19\
\23				8\	■	■	7\23			
\15					4\	3\13				
\4			17\12					10\13		
■	\6			3\4			4\5			■
■	■	\3			■	\3			■	■
■	■	27\4			4\	3\4			13\	■
■	7\16			14\3			16\6			23\
\4			7\19					13\16		
\27					■	\27				
\11				■	■	■	\11			

18

Toutes les rangées de huit cases vides sont utiles! Pour le 41, il faut utiliser les chiffres 1, 2, 3, 5, 6, 7, 8 et 9. Pour le 38, il faut utiliser les chiffres 1, 2, 3, 4, 5, 6, 8 et 9. (Pour trouver le chiffre de 1 à 9 dont tu n'as pas besoin, soustrais de 45 la somme à laquelle tu veux arriver. Par exemple, 45-41 = 4. Cela signifie que pour arriver à 41 en additionnant huit chiffres, tu dois utiliser tous les chiffres de 1 à 9, sauf le 4.)

19

\	\	28\	16\	\	15\	4\	\	30\	16\	17\
\	16\14			\7			13\23			
\24				7\36						
\16			14\4			6\16			11\	10\
\	\16						4\13			
\	11\	10\19						\4		
\7				14\	24\3			6\3		
\4			\17			15\	7\10			
\3			28\18						29\	\
\17				16\24						17\
\	17\	16\14			4\4			17\17		
\36							\24			
\24				\7			\14			\

20

CASSE-TÊTE À PIÈGES

21

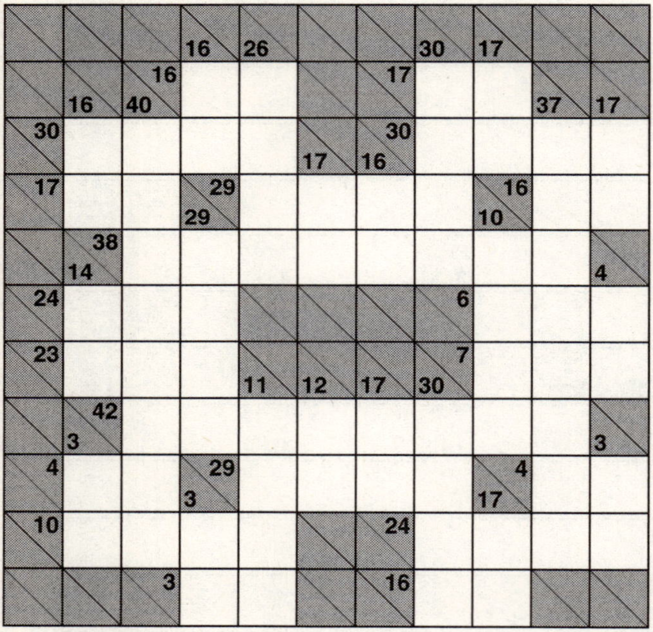

Voici une grille facile pour commencer la série des casse-tête à pièges. Souviens-toi : repère les coins où on doit trouver des paires de chiffres qui donnent un total de 16 et de 17. N'oublie pas que 30, lorsqu'il y a quatre cases vides, est utile : 9+8+7+6. Les nombres 40, 42, 37 et 38 accompagnés de huit cases vides sont tous utiles aussi!

22

23

\	24\	30\	16\	\	24\	23\	\	16\	29\	30\
\24				\17			\23			
\23				29\16			38\24			
\16			17\30					29\16		
\12					\	\27				
\	\	\6			\	\13			\	\
\	29\	30\3			\	\10			30\	29\
\29					7\	6\29				
\14			14\17					16\16		
\23				\3			\23			
\24				\4			\24			

24

■	■	21\	4\	10\	7\	■	10\	4\	37\	19\
■	11\11					\21				
\17						10\19				
\17			23\10					\3		
■	■	22\10			10\4			24\9		
■	\12			\6			\13			■
■	10\16			16\4			10\14			■
\8			\4			7\12			9\	7\
\4			8\10					4\4		
\10					\15					
\20					\10					■

25

	4\	3\	26\		38\	15\	16\		38\	4\
\7				17\20				\4		
\39								17\3		
	30\	38\24				32\	\13			29\
\20				3\3			4\21			
\17			\19					\17		
\16			16\21					11\16		
\23				\4			3\17			
	4\13			17\	16\6				6\	4\
\3			\31							
\4			\23				\7			

26

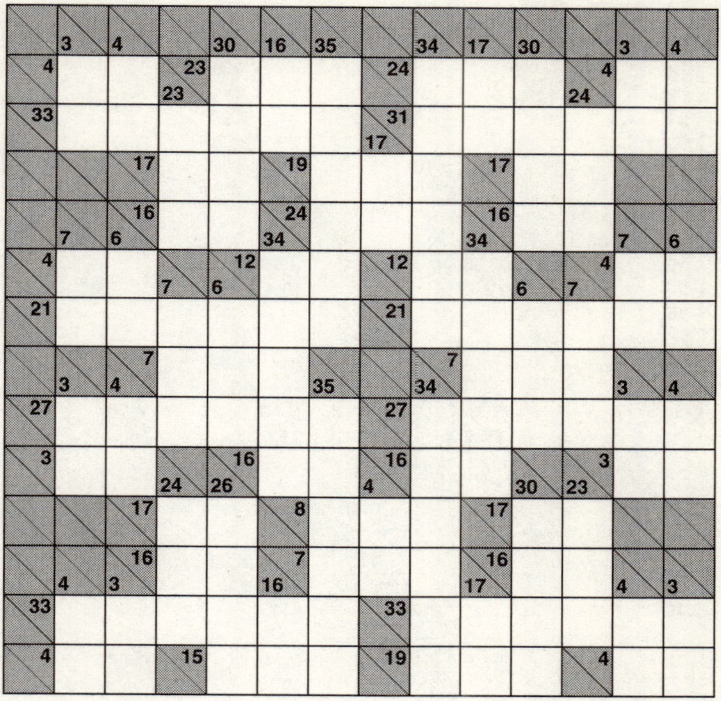

27

■	↓17	↓11	■	↓23	↓16	■	↓24	↓16	■	■	↓7	↓13	↓28
→16			↓24 →14			→17			■	↓29 →18			
→33						↓16 →16			↓23 →20				
→19					↓6 →16			→23					
■	↓23	↓30 →10					↓32	→13			↓21 →12		
→19				↓17 →6				↓16 →19				↓30	■
→16			↓24 →12			↓17 →17			■	↓15 →17			↓23
→30					→24				↓22 →30				
■	→17			↓11	↓6 →16			↓24 →16			↓20 →16		
■	↓27	↓12 →14				→22				↓17 →23			
→8			↓23 →5			■	↓24 →30					↓13	↓19
→22						↓17 →15			↓4 →21				
→26					→17			→17					
→12				■	→16			→6			→4		

28

29

30

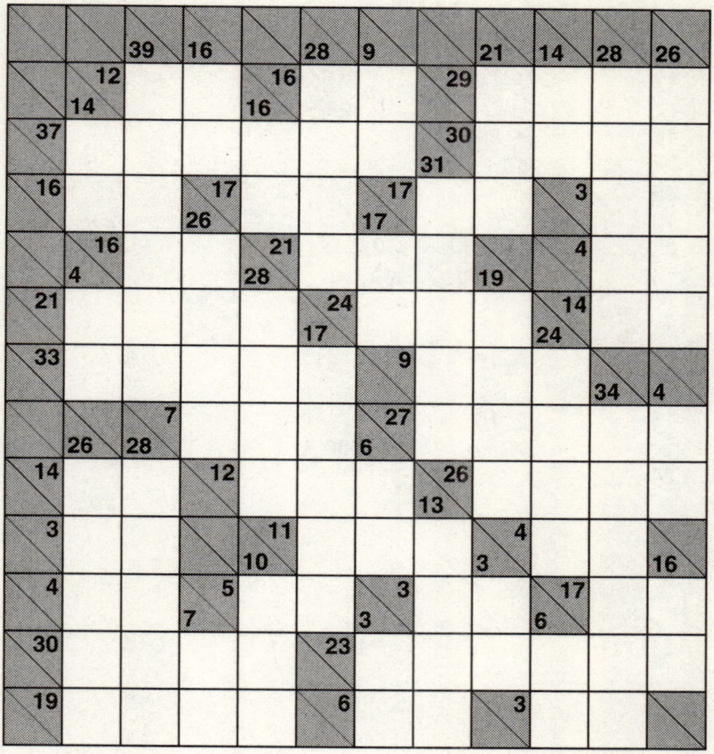
39 16 28 9 21 14 28 26
12 16 29
14 16
37 30
31
16 17 17 3
26 17
16 21 4
4 28 19
21 24 14
17 24
33 9
34 4
7 27
26 28
6
14 12 26
13
3 11 4
10 3 16
4 5 3 17
7 3 6
30 23
19 6 3

CASSE-TÊTE PÉRILLEUX

31

32

21 19 6 17 34 24 6 3 21 19
22 22
24 24 17
16 23 4
17 24 21 19 3 21 19
7 3 4 7 14 12
19 30
21 29 34 22
8 21 19 6 17 21 19
17 23 3
16 24 6 17 4 6 3
22 22
24 24

33

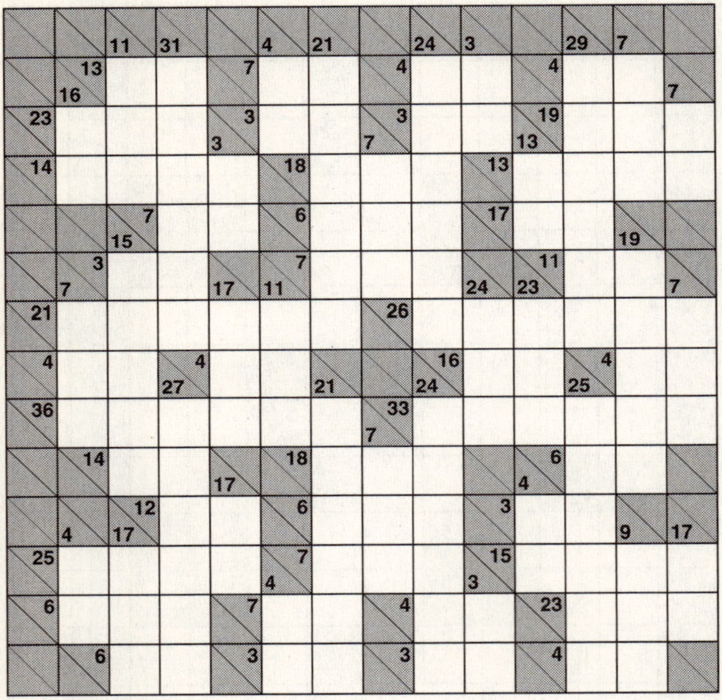
11 31 4 21 24 3 29 7
13 16 7 4 4 7
23 3 3 3 7 19 13
14 18 13
7 15 6 17 19
3 7 17 7 11 24 11 23 7
21 26
4 4 27 21 16 24 4 25
36 33 7
14 17 18 6 4
4 12 17 6 3 9 17
25 7 4 15 3
6 7 4 23
6 3 3 4

34

		/7	/33		/23	/23		/4	/10	/11
	3/7			12/			7/			
19/				9/14			6/			
32/							/20	4/17		
	/20	16/22			20/					
23/				/27	23/				/19	/13
19/					4/25			15/24		
15/			7/4			29/				
	/29	7/30					7/6			
30/						4/6			/13	/17
14/			/14	24/						
23/				9/			23/			
24/				6/			4/			

35

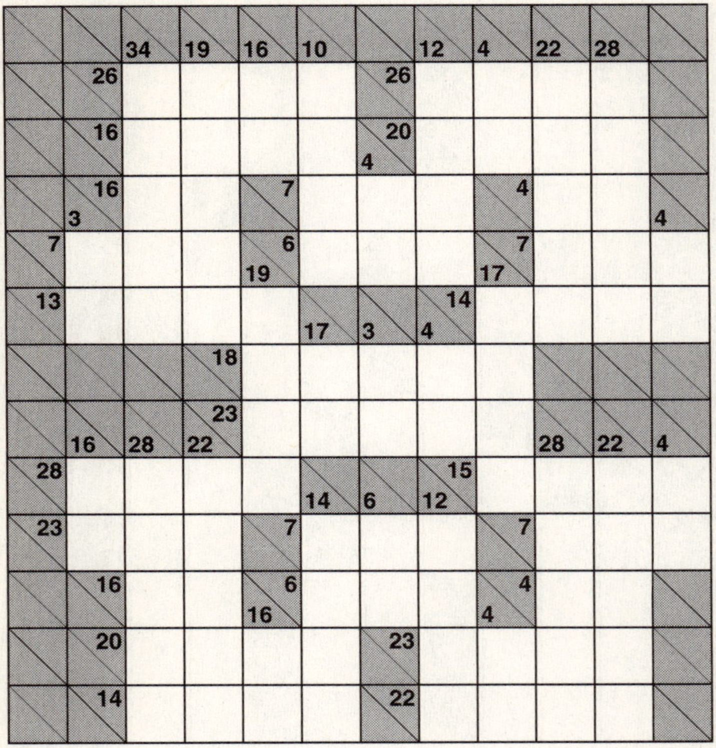
34 19 16 10 12 4 22 28
26 26
16 20 4
16 3 7 4 4
7 6 19 7 17
13 17 3 14 4
18
23 16 28 22 28 22 4
28 15 14 6 12
23 7 7
16 6 16 4 4
20 23
14 22

36

15
14
4
22
7
11
11
3
4
28
7
10
15
20
4
16
11
16
16
22
14
4
14
12
13
28
16
12
24
20
9
22
9
24
16
16
7
13
29
10
11
4
28
4
8
13
16
10
4
4
15
10
16
11

37

	7	38	19		16	31		34	14		29	38	7
20				17 9			16			20 13			
22							37 14						
24					23 9				15 9				
	5 17			35 31						14 34			17
16			7 23				7				16 20		
34							27						
	17	17 22			21	27		27	15 7			25	3
30							26						
16			24 15				19 4				4 11		
	8 24			15 12						10 7			23
14					7 16				14 17				
39							39						
12				17			16			10			

38

22 20 16 36 21 4 29 38
16/17 14 6 12 4
17 13/4 7/20 17/16
14 23 27
7/4 7/17 23/18 3
7 16 24/15 15 4/10
24 33
17 23/36 38 7/33 37 16
23 23/23
16 26 17/16 16 14/24
23/3 23 23 4
26 24/16 27/17
17 13 16 17
3 17 17 3

39

40

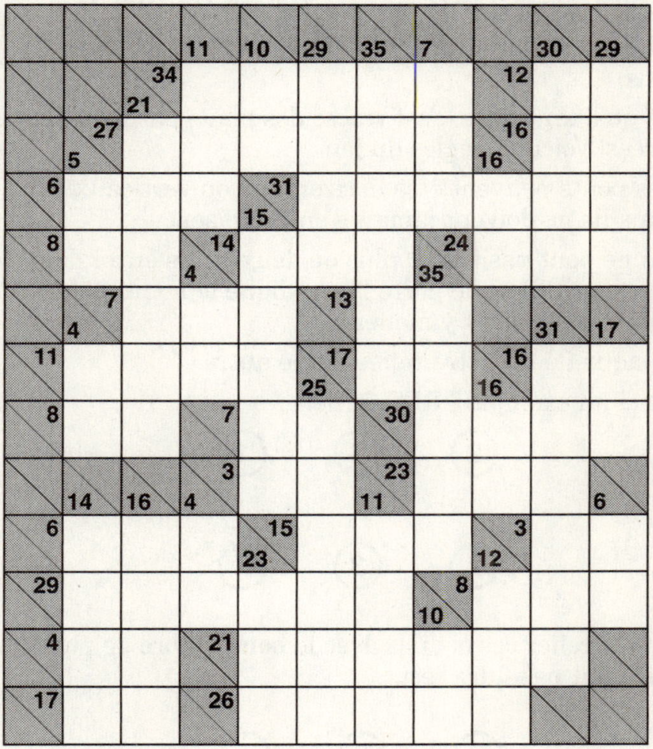
11 10 29 35 7 30 29
34 21 12
27 5 16 16
6 31 15
8 14 4 24 35
7 4 13 31 17
11 17 25 16 16
8 7 30
14 16 3 4 23 11 6
6 15 23 3 12
29 8 10
4 21
17 26

Ponts

Ce type de casse-tête est parfait pour les artistes parce que, pour le résoudre, on n'a pas à inscrire de chiffres : il suffit de tirer des lignes droites.

Ce qu'il faut faire, c'est tracer des ponts entre les îles chiffrées. Voici les règles du jeu :

- Les ponts peuvent être horizontaux ou verticaux, mais ils ne doivent jamais s'entrecroiser.
- On ne peut pas tracer plus de deux ponts entre deux îles. Le chiffre que porte l'île indique le nombre de ponts qui doivent y mener.
- Chaque île doit être reliée à une autre.

Voici un exemple TRÈS facile!

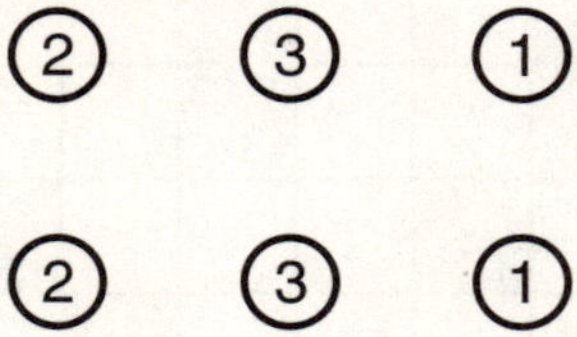

Il faut relier ces six îles avec le bon nombre de ponts. On ne peut pas faire ceci…

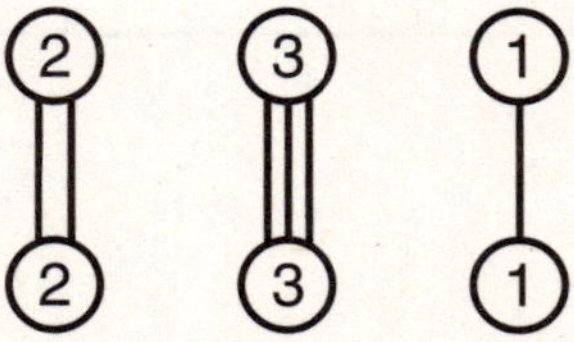

… parce qu'on ne peut pas tracer plus de deux ponts entre deux îles. On ne peut pas non plus faire cela…

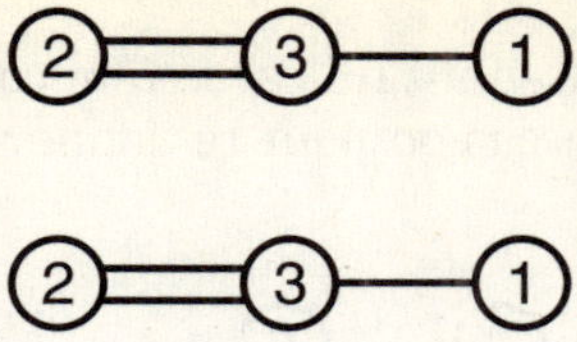

… parce que les deux groupes d'îles sont séparés. Voici la seule réponse possible :

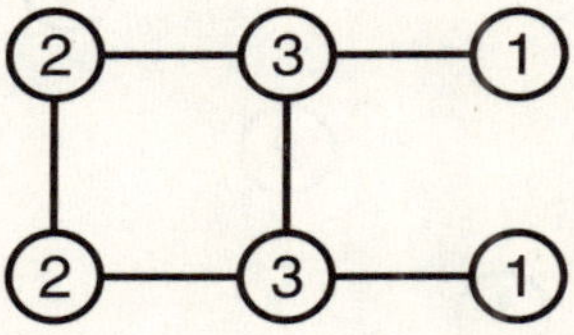

D'où viennent les noms KAKURO, SU DOKU et PONT?

Les casse-tête qui font appel à la logique, comme le Kakuro et le Su Doku, sont très populaires au Japon. C'est pour cela que leurs noms ressemblent à des mots japonais.

KAKURO est un mot inventé qui signifie « totaux croisés ». C'est une version abrégée des mots « kasan » (« addition » en japonais) et « Kurosu » (mot qui ressemble à « croisé »).

SU DOKU est l'abréviation de « Suji wa dokushin ni kagiru », expression japonaise qui signifie « les chiffres doivent être seuls ».

Ce qui est drôle, c'est que, en japonais, « seul » signifie aussi « non marié ». Les nombres ne doivent donc pas être mariés! Par contre, l'histoire ne dit pas s'ils ont le droit de partager une pizza ou d'aller au concert ensemble.

Pour ce qui est du PONT, son nom provient évidemment du mot français « pont », qui signifie… euh… « pont »!

Prenons maintenant un casse-tête complet. Nous profiterons de l'occasion pour te donner quelques trucs.

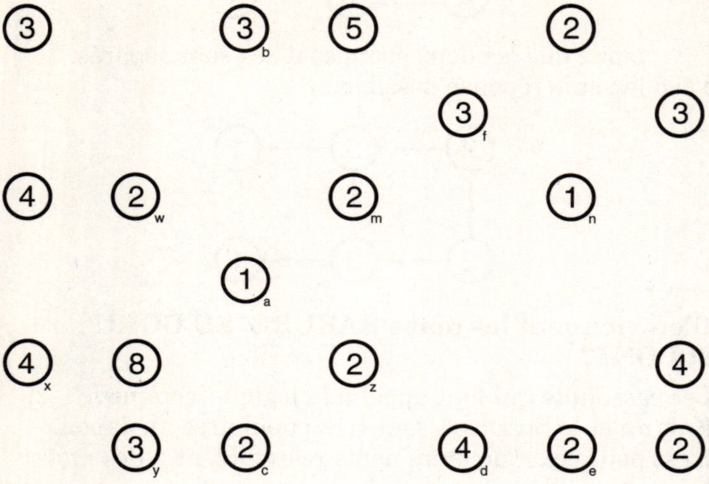

(Dans un casse-tête normal, il n'y a pas de lettres. On les a ajoutées seulement pour faciliter nos explications.)

La première île à examiner est celle qui comporte le chiffre 8. Comme elle doit être liée par deux ponts dans chaque direction, on peut déjà tracer deux ponts entre cette île et celles qui sont marquées par les lettres w, x, y et z.

Regarde maintenant l'île 1a. Étant donné que les ponts doivent être verticaux ou horizontaux, elle ne peut être reliée qu'à l'île 3b ou à l'île 2c, mais si on trace un pont entre l'île 1a et l'île 2c, il traverse celui qu'on a tracé entre l'île (8) et l'île 2z. L'île 1a peut donc uniquement être reliée par un seul pont à l'île 3b.

Jusqu'à maintenant, on trouve facilement les lignes à tracer, et on peut déjà savoir si on doit tracer un ou deux ponts. Parfois, quand les choses se compliquent, on doit d'abord se contenter de repérer les îles qui doivent être reliées, même si on ne sait pas encore s'il faudra tracer un ou deux ponts. Voici un bon truc :

PONT EN POINTILLÉ

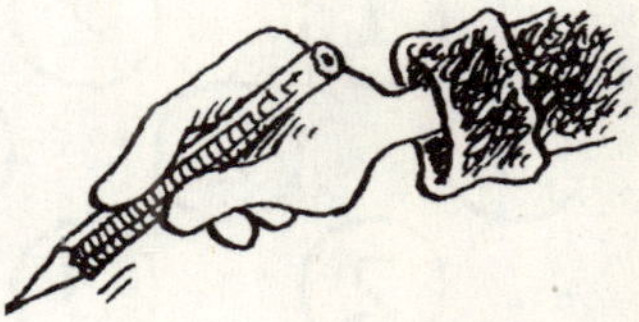

Jette un coup d'œil à l'île 4d. Elle se trouve entre les îles 2c et 2e. Tu pourrais penser qu'il suffit de tracer deux ponts vers chacune, mais si tu fais cela, tu ne pourras pas en tracer d'autres vers ce groupe d'îles; les trois îles se trouveront séparées des autres. Étant donné que toutes les îles doivent être reliées les unes aux autres, il faut tracer au moins un pont entre l'île 4d et l'île 3f. Comme tu ne sais pas encore si tu dois tracer un ou deux ponts, trace un pointillé pour t'en souvenir. Le pointillé te rappellera aussi que tu ne peux pas tracer de pont entre les îles 2m et 1n.

Il est toujours utile de repérer les îles comprenant un gros chiffre. Si une île comprend un 7 ou un 8, on devra tracer des ponts dans les quatre directions. Si une île qui se trouve sur le bord du casse-tête porte le chiffre 5 ou 6, on doit tracer au moins un pont dans chacune des trois directions qui restent. (P. ex., regarde l'île 5. Tu devras tracer des ponts vers la gauche, vers la droite et vers le bas.)

Es-tu capable de remplir notre premier casse-tête? La réponse se trouve à la fin du livre.

CASSE-TÊTE VRAIMENT SIMPLES

1

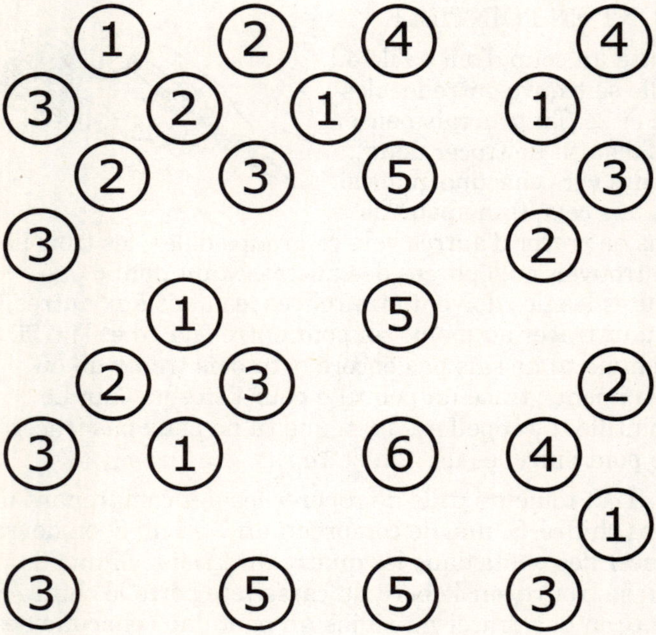

Dans la deuxième rangée à partir du haut, les deux îles (1) ne peuvent être reliées entre elles parce qu'elles se trouveraient isolées. Chacune peut être reliée à une seule autre île : tu peux donc tracer les ponts! De plus, l'île (2) de la deuxième rangée ne peut pas être reliée à l'île (1) qui se trouve juste dessous parce que cela isolerait les trois îles. Il faut donc tracer une ligne entre l'île (2) et l'île (3) qui se trouve au bout. Tu peux continuer...

2

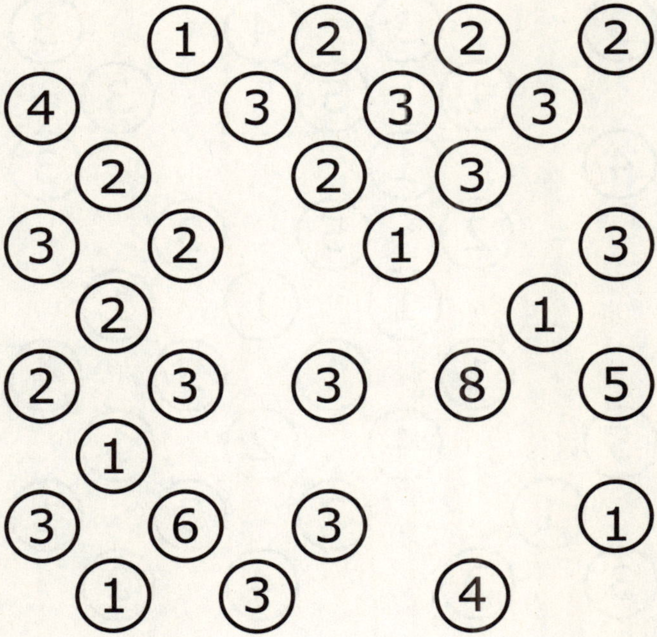

Commence par tracer les huit ponts à partir de l'île (8) et les six ponts à partir de l'île (6) !

3

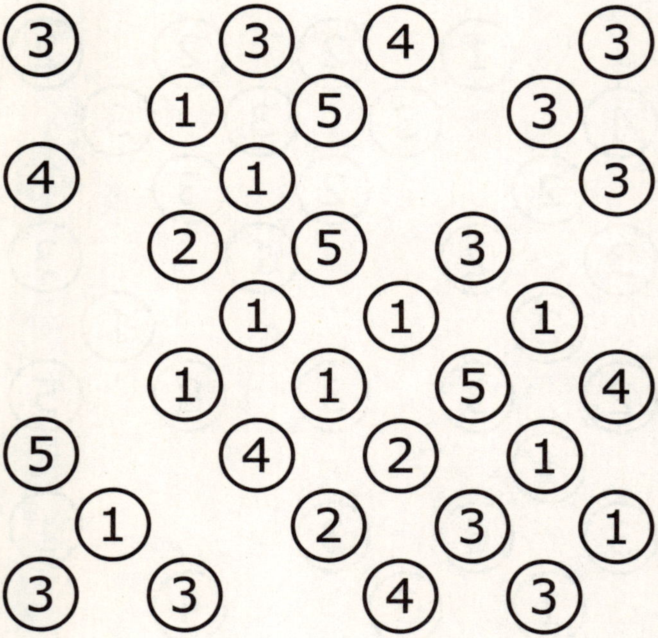

Regarde l'île (3) dans la deuxième rangée. Il n'y a qu'une façon de tracer trois ponts à partir de cette île. Quand tu l'auras trouvée, tu sauras où tracer les ponts à partir de l'île (4) de la rangée du haut.

4

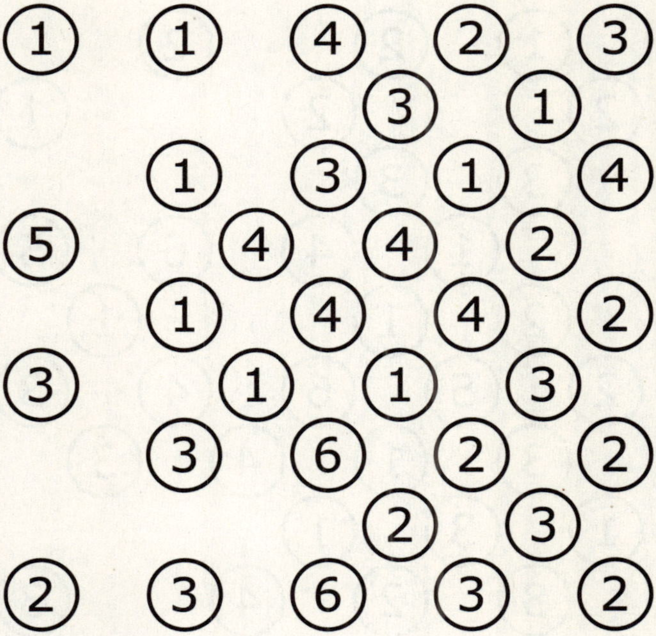

5

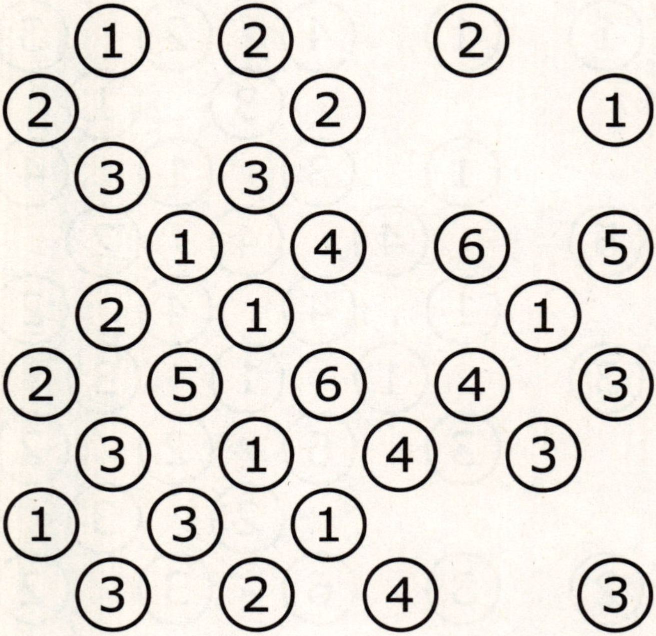

6

	1				2			2
3			3				2	
		1		2		1		2
			2		3		3	
4		3		3		3		4
	1		1		1			
2		2		5		4		
	2				3			4
3			3				1	

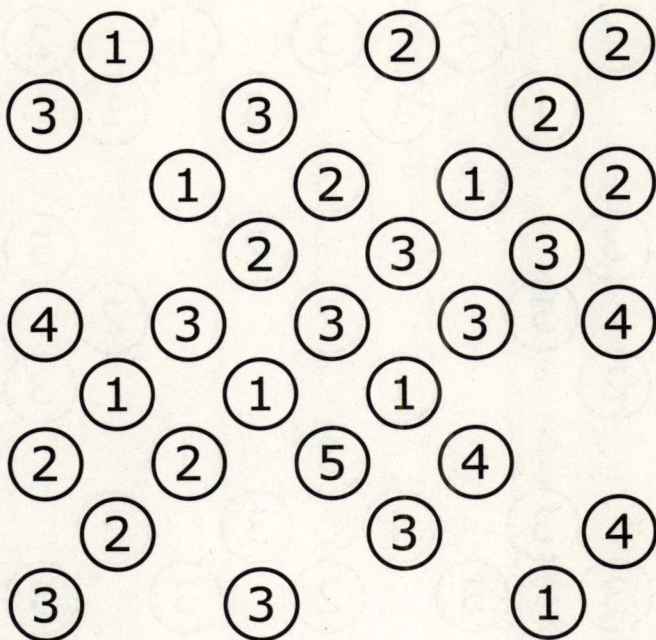

7

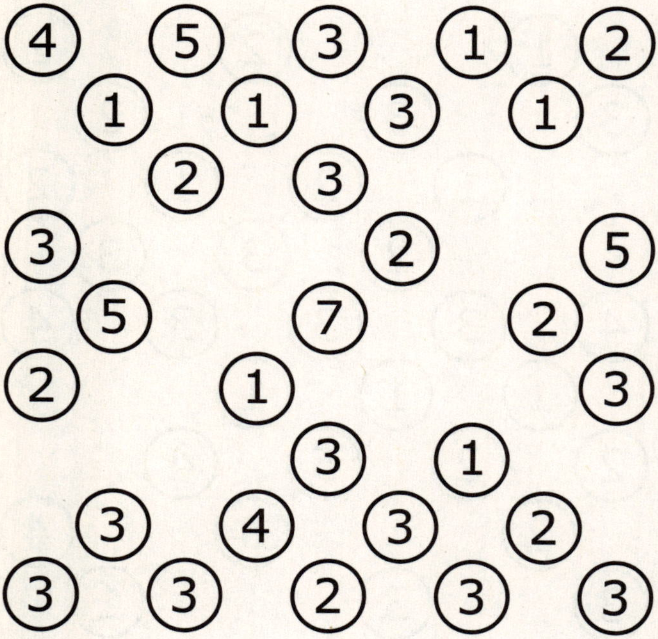
4 5 3 1 2
1 1 3 1
2 3
3 2 5
5 7 2
2 1 3
3 1
3 4 3 2
3 3 2 3 3

8

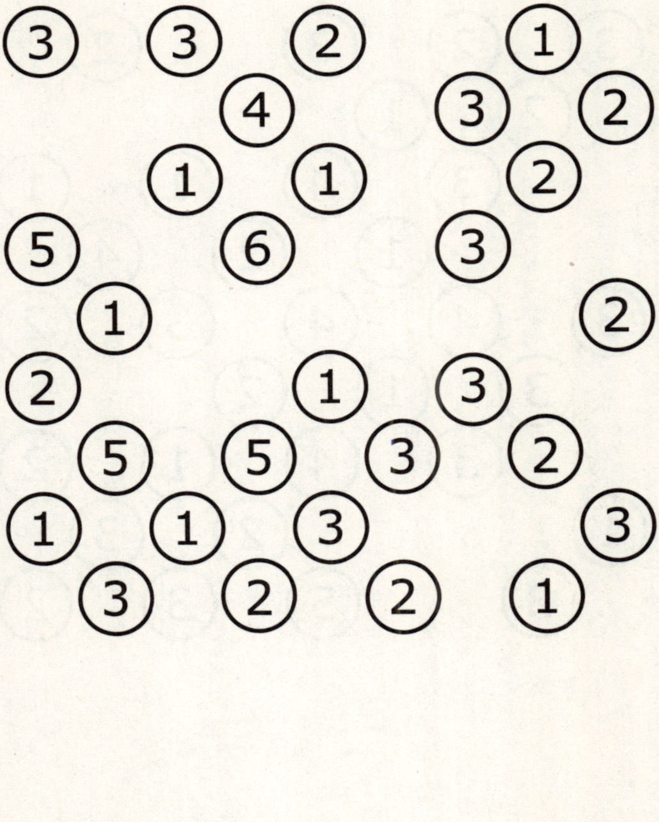

9

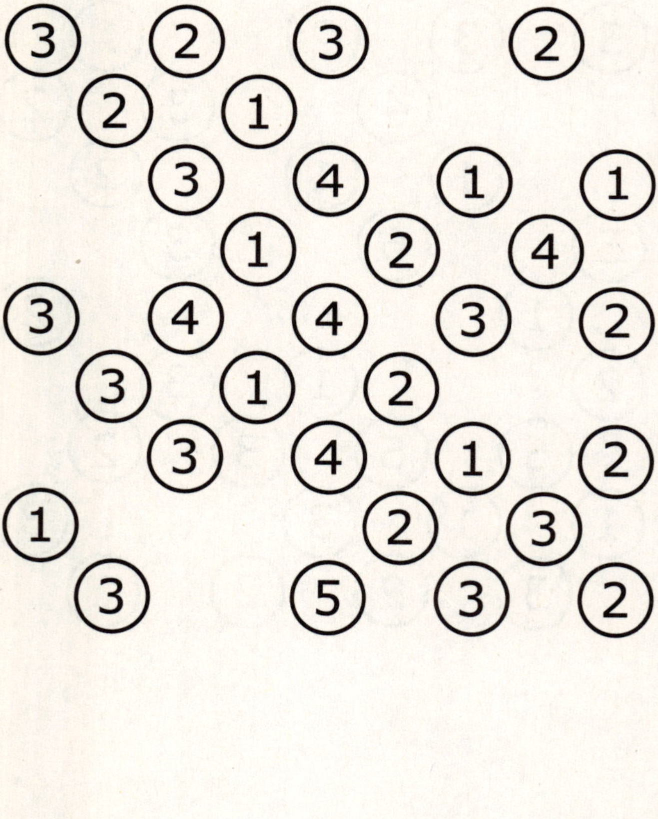

Casse-tête à pièges

10

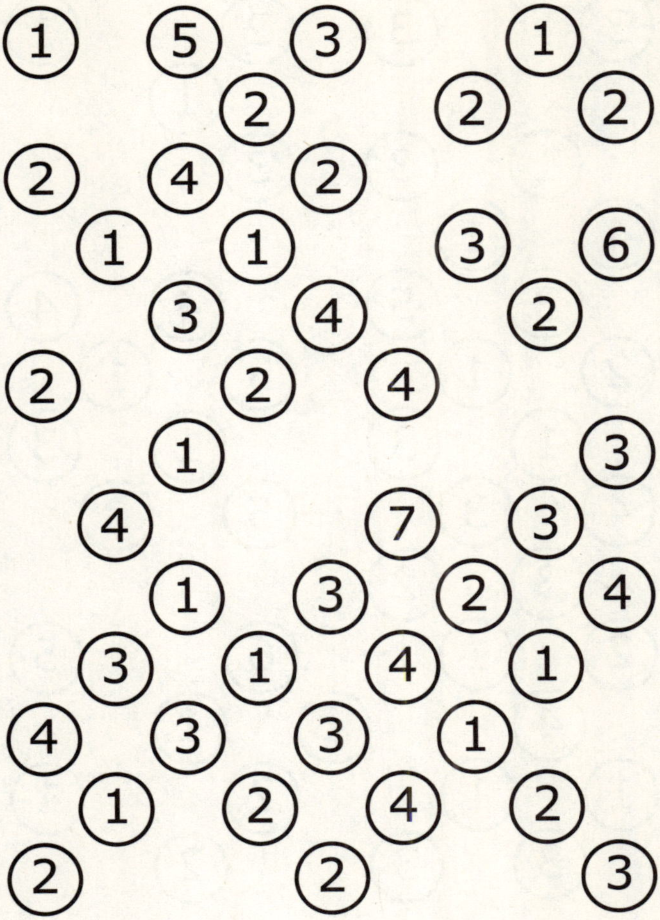

11

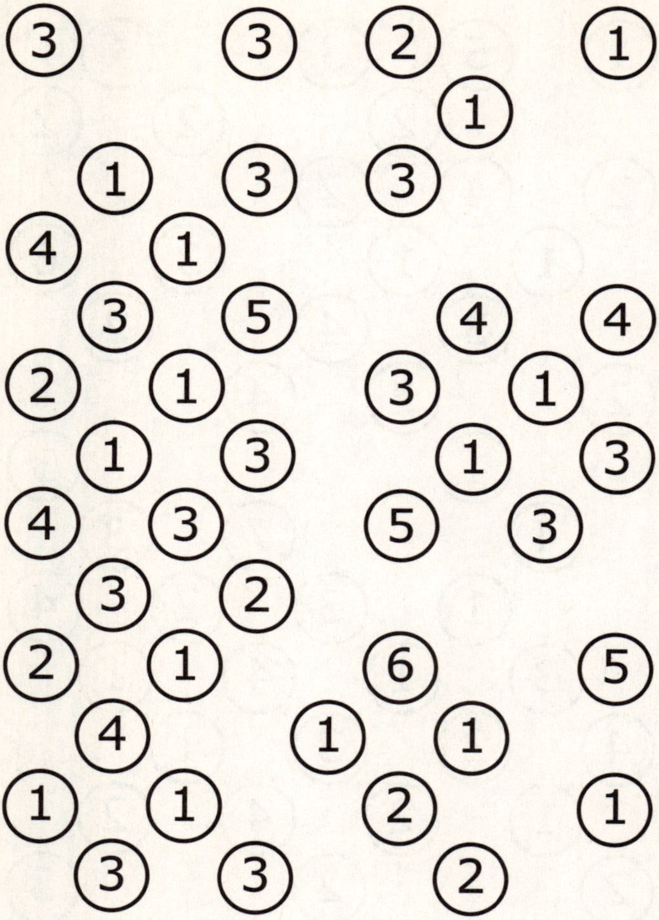

12

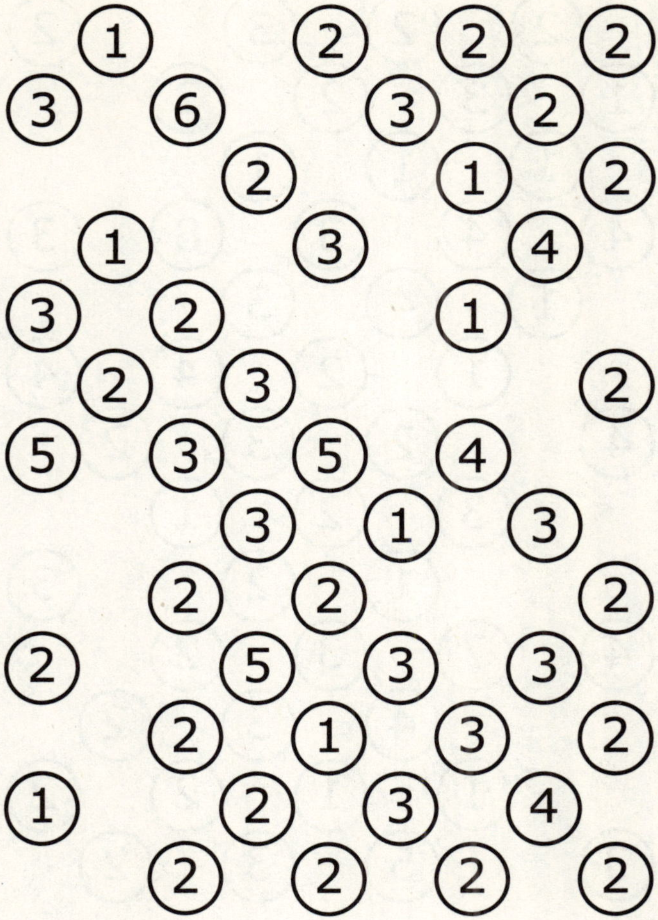

13

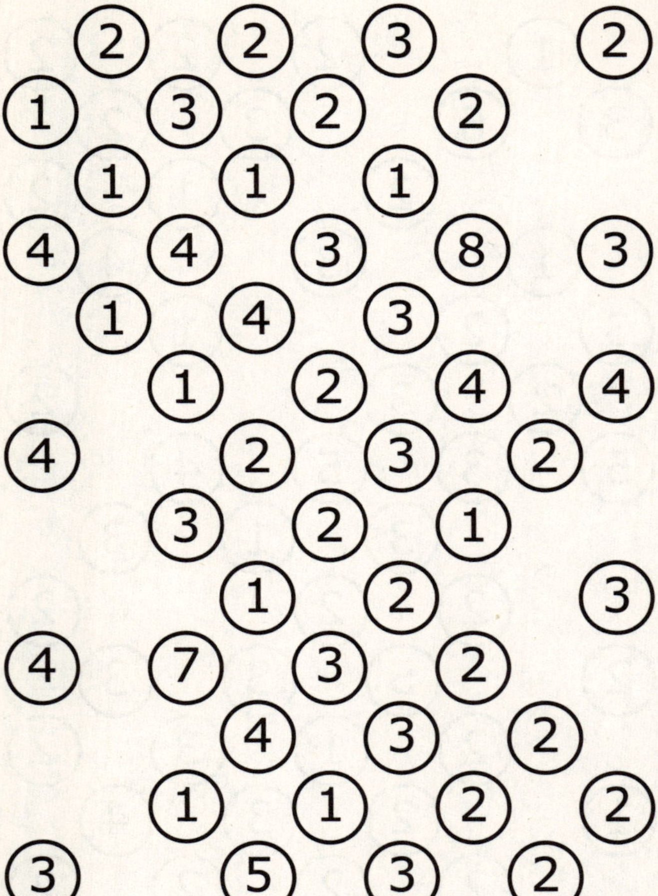

14

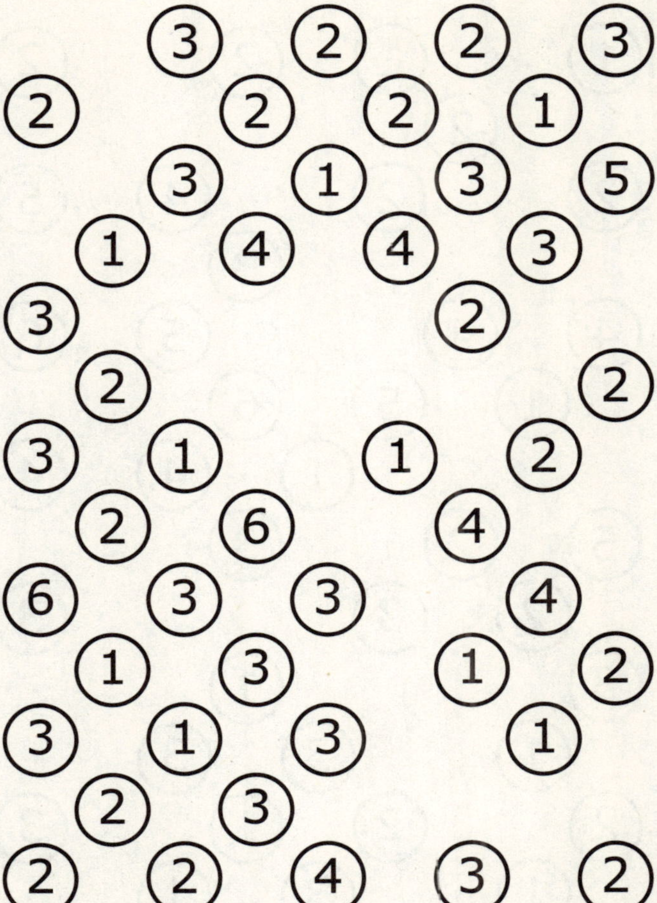

15

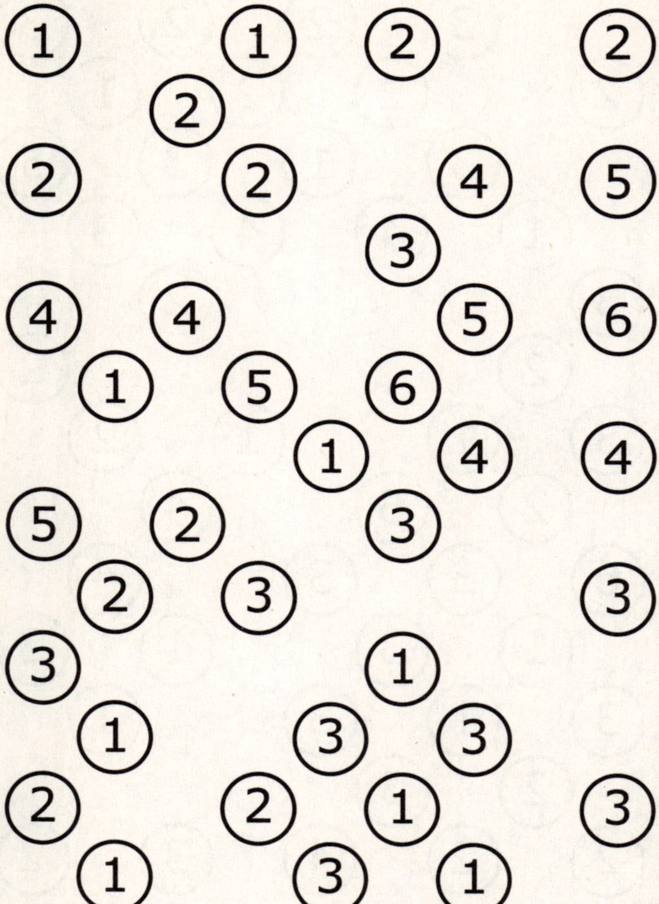

16

3			5					2
	1			1		2		
			5		2			1
2								
	3		4			5		1
2		1		1				
	1		1					
2		6		7		5		2
					1		2	
2		6		6		1		
	1		2					2
1		1		2			2	
	2		5		3			2

17

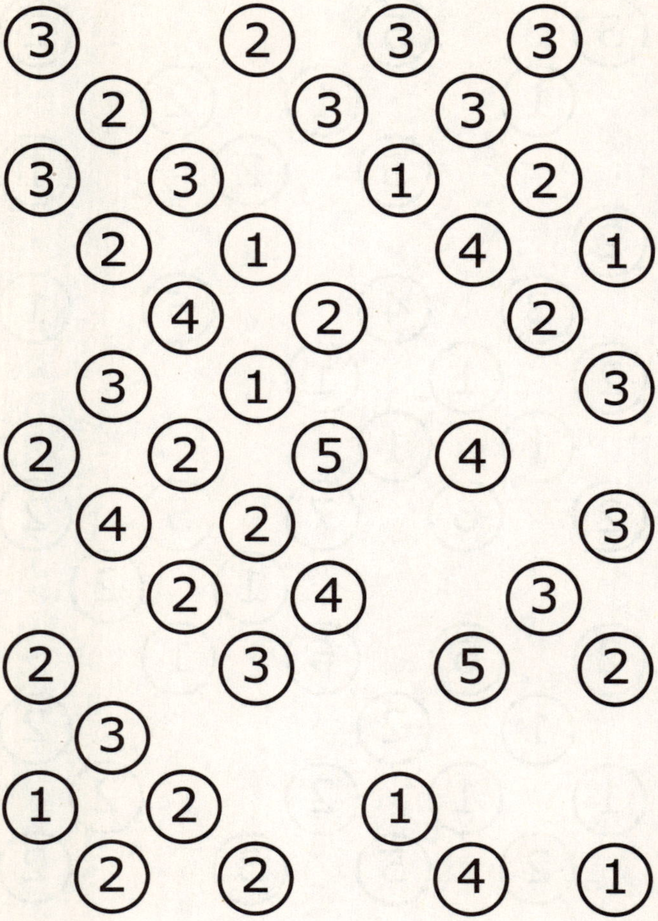

18

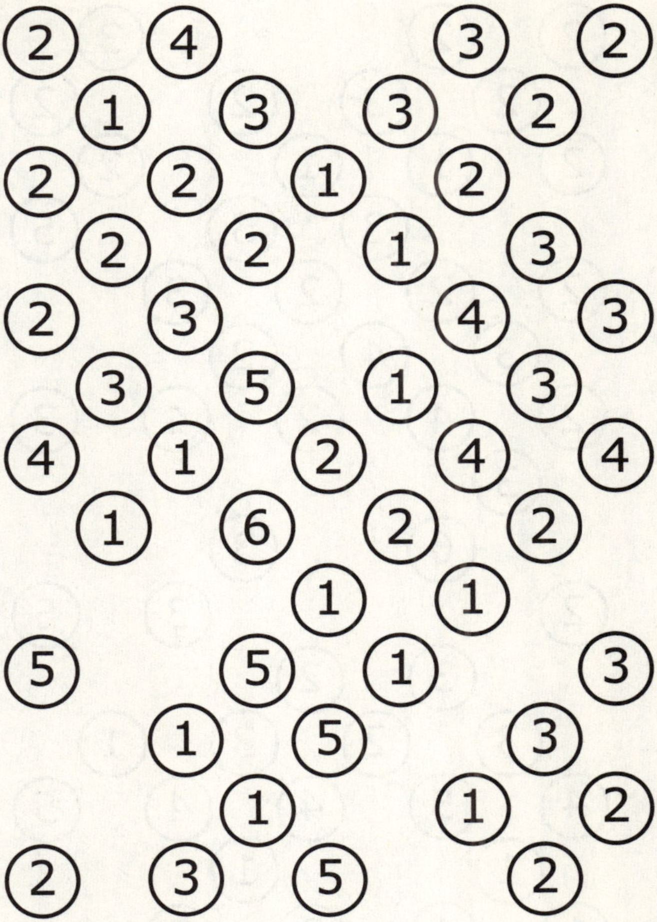

Casse-tête périlleux

19

20

1		4		2				3
			1		2		3	
4		6		3		2		3
			1		2		3	
4		1		2				2
	1		3		4		2	
6		2		1		2		
	3		3		5			3
3						1		
	3		1		6		2	
				1		1		4
	3		1		3		2	
2		4		4		1		2
	1		2		5		2	
2		4		1				
	1		2		5			3

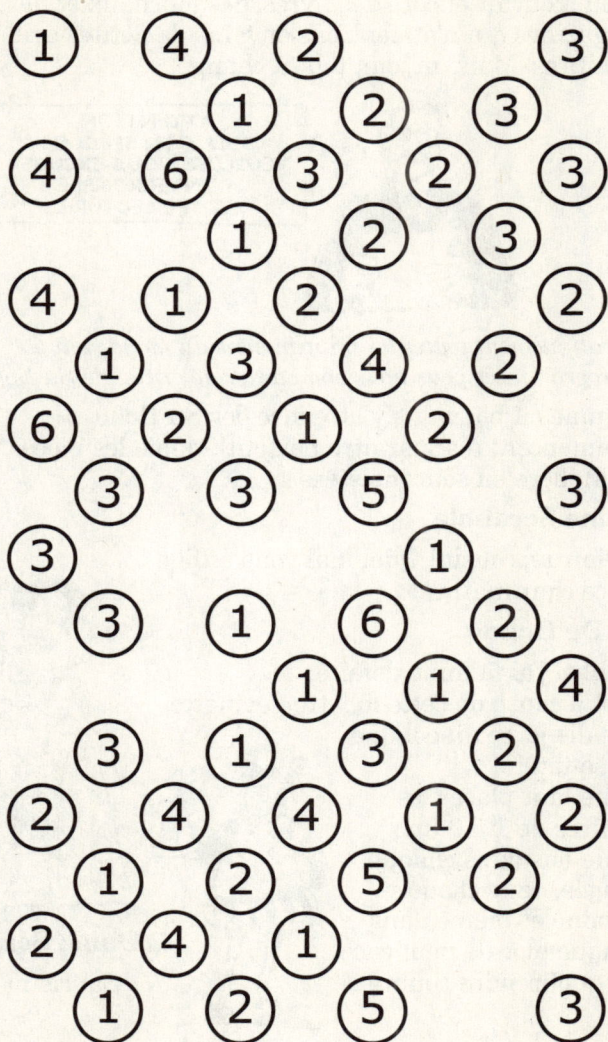

L'invasion du Su Doku

2005 a été l'année de l'invasion du Su Doku. Au début de l'année, presque personne n'en avait entendu parler, et on trouvait encore des livres, des journaux et des magazines qui n'étaient pas envahis de petites grilles à chiffres. Mais un jour, tout a changé.

ATTENTION, BULLETIN SPÉCIAL! VEUILLEZ NOUS EXCUSER D'INTERROMPRE VOTRE LECTURE.

« Pratiquement toutes les imprimantes du monde ont été reprogrammées pour nous bombarder de grilles de Su Doku. »

Comme on pouvait s'y attendre, les Su Doku commencent à apparaître partout! Même les pièces de Molière en sont infestées…

Dame Scrabble

« Diantre, cousin! Quel mal vous afflige en ce clair matin? »

M. De Doku

« Ah! si j'ai la mine défaite,
c'est à cause de cette follette devinette,
que dis-je, ce diabolique
casse-tête!
Il me faut placer les
chiffres de 1 à 9 une
seule fois dans chaque
rangée, dans chaque
colonne et même dans
chaque bloc de neuf cases.
De quoi rendre timbré! »

Dame Scrabble

« Sapristi »

Comme tu connais probablement déjà les Su Doku, nous ne perdrons pas de temps à expliquer ce casse-tête ici. Tu trouveras tout ce dont tu as besoin dans le livre *SU DOKU, 100 grilles à compléter*. Mais au cas où tu aurais besoin d'un peu d'aide pour commencer, Truffe va te donner quelques trucs.

Casse-tête vraiment simples

1

		3		9				8
	5		4		1		3	6
		7		4	8		5	9
	9		3		7	8	4	
		4	1	6		7		3
				8	3	1	9	
		8	9	1		2		
	6	9	7		5			

Commence par le bloc du centre : tu dois y insérer un 2, un 5 et un 9. Trouve d'abord la place du 9 (une case qui n'est ni dans la même rangée ni dans la même colonne qu'un autre 9). Place ensuite le 5, puis inscris le 2 dans la dernière case vide. Maintenant, place le 3 dans la colonne du milieu. Attention! Tu ne peux pas le mettre dans le bloc du bas parce qu'il contient déjà un 3!

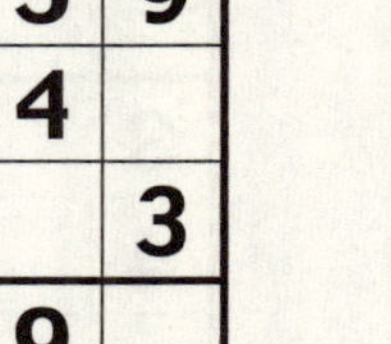

2

2						1	3	6
8				9	3	7		2
		8	5	3	4		2	7
	9	4			2			3
		2	6	1	9		8	5
3				7	8	2		4
4						8	6	9

Tu peux commencer par placer tous les 3! Souviens-toi : il doit y en avoir un, et un seul, dans chaque rangée, dans chaque colonne et dans chaque bloc de neuf cases. Tu peux aussi placer le 1 et le 8 dans la colonne de droite, puis remplir le bloc inférieur droit.

3

	9	1				6	3	
			7		1			
5		6				7		8
	3		5		4		2	
		2				8		
	8		3		6		9	
8		3				5		9
			6		7			
	5	4				2	7	

4

8					3		7	4
	9		5		2	1		8
		3			7		9	
				3		9	4	1
	1				4			
6		7					5	
4		2	3			5		
5				1			2	
	3	1	4					7

5

	4		2		9		5	
	9			5			7	
	8						3	
		2	4	8	1	3		
8		1	5		3	4		7
				4				
9	1						8	5
5		6	7		8	9		3

Casse-tête à pièges

6

3							7	4
					3			
9		6		8			2	
	2			3	9			6
		9	7	6	5	8		
7			1	4			5	
	4			7		2		9
			6					
6	7							1

Tu peux remplir rapidement le bloc du milieu pour commencer. Place ensuite les 7 dans chaque bloc!

7

	7			4				
			6	2	5			
9		4	3	1				
5							2	
8				3		9	6	4
	4					7	3	
	3					2		
		1	9					8
2				5	3	1		

8

			3				6	
		5		7	2		4	
			1			7	2	
3					5			7
		1	6		8	3		
6			7					5
	5	3			9			
	2		5	1		4		
	4				3			

9

					5	6		
	8			6			2	
4			9					1
			3					2
6		2	4				1	
8	4	3		2	7	9		
		8	6	1				
7			5				4	
	5		2	7		8		

10

3		9				4		5
				6				
	2			4			1	
1		5	7		3	2		6
	8						9	
8		4				9		2
	7	1	9		4	8	6	
6			2		8			1

SU DOKU PLUS CORSÉS

Quand tu t'attaques à des Su Doku plus difficiles, il est possible que, après avoir inséré quelques chiffres dans la grille, tu ne saches plus du tout quoi faire. Tu essaies désespérément de trouver un autre chiffre à insérer, mais il y a tellement de possibilités que tu commences à tourner en rond et tu finis par essayer sans cesse les mêmes trucs. Au cas où tu aurais besoin d'un coup de pouce supplémentaire, nous avons mis au point un outil portable très pratique : la Calculectronique Su Dokteur.

Si tu as trop d'orgueil pour recourir à un ordinateur, voici ce que tu devrais faire : laisse le casse-tête de côté, fais autre chose et reviens-y plus tard. Avec un peu de chance, tu remarqueras peut-être soudainement un élément qui t'avait échappé… Et maintenant, au travail!

11

			3					
				1		7		
			6		7	3		2
4		5				8	9	
	2							6
		9			3		2	7
	6	7	2			5		4
			9		4			
		4		7	1	6		

Tu peux remplir le bloc central en bas dès maintenant. Place d'abord le 6, puis le 3, le 5 et le 8.

12

								7
		2					6	
	7	9		6		3	4	2
5	3		2				8	4
	2				9			
7	9		8				1	3
	4	7		8		1	3	5
		1					2	
								8

13

6				3	5	9		
5	1		7	6			2	
1			8	5			9	
9	2				1	4	6	
		7			6	3		
			4					
				1		7		
				9	2	6	1	

14

2			8				3	
	1						5	
			4	6		9		
		3		8				1
7		5	1		2	4		9
9				7		2		
		4		5	3			
	6						2	
	3				8			5

15

9								
7		1	4					
		6			2	9		
1			2	7		4		
					4			
	3		9		1		6	
2	5					7	1	
	1	7	8					
		4			3		8	5

Casse-tête périlleux

16

4								
			8	2	3			
9	5	8						
		9		8			7	
			5	6	4		9	
3	1			7			5	
2					7	3		
			9			5		
1		5	6			4		9

17

		8		6	1	7		
7	1	2					9	
		6					4	
8	9		5				6	
	5	3		7				
			6		3	9	7	
9			1	2		8		
	2			8		6		

18

	7		5		2		3	
8				7				9
	4						5	
			1		6			
		3				1		
4		2	7		3	9		6
		7				5		
	1	6	9		8	2	4	

19

					1		6	2
				2		9		
			4			1	8	
6	3			8	5			
7		4				5		6
			2	6			3	8
	9	3			2			
		8		9				
4	5		8					

20

1		2				6		
	5							
			5	7				2
8	1	4						
				4		3		
		3	9			5		
	3		6		2			8
9		7			5		2	
	4				7			3

Zut! Le professeur Démoniaque a découvert que TRUFFE te donnait des conseils, et il n'est pas très content! Il vient donc de dévoiler sa nouvelle invention abominable… Deux grilles de Su Doku imbriquées ayant un bloc de neuf cases commun. Il s'agit de deux grilles distinctes, mais tu dois travailler sur les deux en même temps.

Le redoutable Kjarposko

Les brillants experts-mathématiciens de l'Organisation Maths à mort ont verrouillé la porte du laboratoire de recherche. Ils ont soumis des nombres et des formes à des expériences effroyables, jusqu'à ce que, soudain…

Eurêka! Ils ont réussi à créer un jeu qui frustrera le monde entier, et, question d'aggraver les choses, ils lui ont donné le nom le plus ridicule qu'ils ont pu trouver.

Le KJARPOSKO comprend un certain nombre de cases reliées entre elles. Chaque case est séparée en deux parties : celle du haut comprend un chiffre, et on doit remplir celle du bas.

Il y a une seule règle : dans chaque case, le nombre du haut équivaut à la somme des chiffres du bas des cases auxquelles elle est reliée.

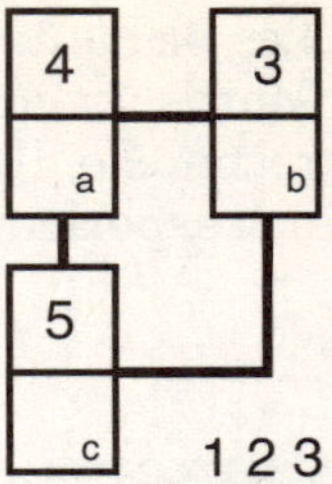

Déroutant? Pas de panique! Examine seulement ces trois cases. Tu dois insérer les chiffres 1, 2 et 3 dans les espaces désignés par les lettres a, b et c. La case qui comprend un 4 est reliée aux cases qui comprennent le b et le c. Les chiffres que tu insèreras dans les espaces b et c doivent donc donner un total de 4. De même, a+b = 5 et a+c = 3.

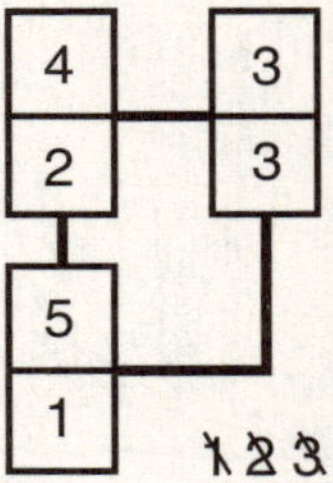

Après avoir inséré un chiffre dans une case, tu peux le rayer de la liste. Voici la solution :

Maintenant, essayons un casse-tête plus difficile.

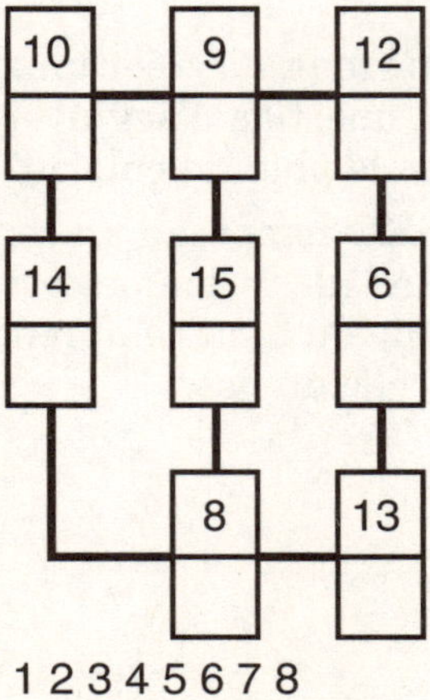

Tu dois insérer les chiffres de 1 à 8 dans les espaces vides. NE LIS PAS LE RESTE DE LA PAGE si tu penses être capable de remplir ce casse-tête par toi-même! Pour savoir si tu as réussi, consulte la solution à la fin du livre.

COMMENT RÉSOUDRE CE CASSE-TÊTE

Insère les chiffres à mesure que tu lis les instructions.

La case 14 est liée uniquement à deux autres cases : ces dernières doivent donc comprendre les chiffres 6+8. (Cela ne peut pas être 7+7 parce que tous les chiffres doivent être différents.) Il faut donc inscrire un 6 ou un 8 sous la case 8. La case 15 est reliée seulement à deux autres cases; alors on doit inscrire un 7 et un 8 dans ces deux cases. C'est donc un 8 qui va dans la case vide sous le 8.

Automatiquement, on sait que la case sous le 9 doit comprendre un 7 (parce que 15 = 8+7) et qu'on doit inscrire un 6 sous le 10 (parce que 14 = 8+6). On doit aussi inscrire un 5 sous le 6 (parce que 13 = 8+5).

La case du 9 est reliée à la case du 10, sous laquelle on a déjà inscrit le chiffre 6. Les deux autres cases auxquelles elle est reliée doivent donc comprendre les chiffres 1 et 2 (9 = 6+1+2). Si on inscrivait le chiffre 1 sous le 12, on devrait mettre un 5 sous la case du 13 (6 = 1+5). Mais ce n'est pas possible parce qu'on a déjà utilisé le 5. Le 1 doit donc être placé sous la case du 15, et le 2, sous la case du 12.

Le reste est un jeu d'enfant.

ASTUCES

Dans les Kjarposko, le plus difficile, c'est de trouver où commencer. Si tu études un casse-tête assez longtemps, tu finiras par découvrir dans quelle case il y a une seule possibilité. Dans le dernier casse-tête, on a fini par trouver qu'il fallait mettre un 8 dans la case du 8. Dans les casse-tête plus difficiles, cela peut être très compliqué. Tu dois alors faire quelques essais. Avant d'essayer, le secret est de trouver une case vide pour laquelle il n'y a que quelques possibilités. Voici trois trucs qui pourront t'aider.

LE PLUS GRAND ET LE PLUS PETIT

Trouve la case où se trouve le plus petit chiffre, puis regarde à quelles cases elle est reliée. Par exemple, si une case comprend un 3, tu sais qu'il faudra inscrire un 1 et un 2 dans deux autres cases auxquelles elle est reliée. Il peut aussi être utile de repérer la case comptant le nombre le plus élevé, surtout si elle n'est reliée qu'à deux autres cases. (Nous avons déjà utilisé ce truc pour les cases du 14 et du 15 dans le casse-tête précédent.)

NOMBRES PAIRS

Repère les cases qui comprennent un nombre pair et qui sont liées à deux autres cases. Celles-ci ne peuvent pas comprendre chacune la moitié du nombre pair. Hum! Cela peut paraître compliqué, mais regarde l'exemple de la page suivante. C'est une petite partie d'un grand casse-tête. Le truc est simple : 4 est un chiffre pair, et on ne peut pas mettre un 2 dans les espaces b et d. Pourquoi? Parce que, si on place un 2 dans l'espace b, il faudra mettre un 2 dans l'espace d (étant donné que 2+2 = 4), mais on ne peut pas utiliser le même chiffre plus d'une fois! Dans ce casse-tête, tu sais donc qu'il faut mettre un 1 et un 3 dans les espaces b et d.

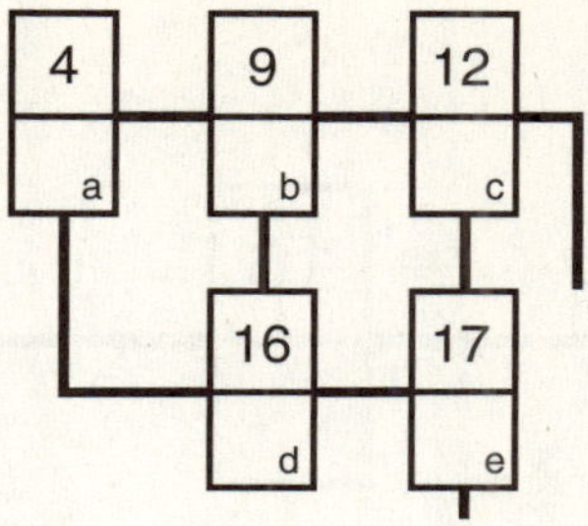

MINIMUM ET MAXIMUM (ce truc est de niveau plutôt avancé!)

Dans le casse-tête ci-dessus, la case du 9 nous apprend que a+c+d = 9. Il n'y a que trois façons d'arriver à 9 en additionnant trois chiffres différents : 1+3+5, 2+3+4 ou 1+2+6. On sait donc que ni a, ni c, ni d ne peut être plus grand que 6.

Maintenant, examine la case du 16 : elle nous indique que a+b+e = 16. La valeur maximale de a est 6, et, en utilisant l'astuce « nombres pairs », on sait que la valeur maximale de b est 3. On en conclut que la valeur minimale de e est 7.

Si tu fais des essais, tu découvriras que, dans cette petite partie de casse-tête, la seule façon de remplir les espaces sans que les chiffres se répètent est la suivante : a=6, b=3, c=2, d=1 et e=7.

Si rien ne fonctionne… FAIS DES ESSAIS! Si tu ne sais pas par où commencer, inscris un ou deux chiffres avec un crayon à mine et vois comment ils influent sur le reste du casse-tête. Même si tu te trompes, cela t'aidera à trouver la bonne réponse. Bonne chance!

Kjarposko

1

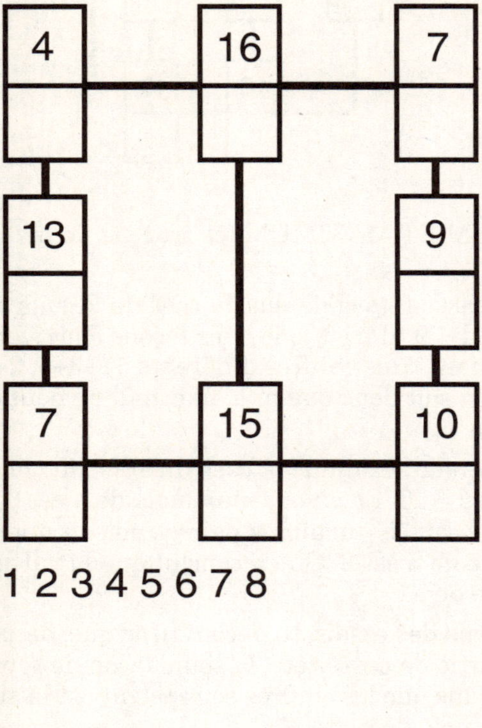

1 2 3 4 5 6 7 8

La case du 4 t'indique qu'il faut inscrire 3 ou 1 dans la case du 16. Mais si tu essaies le 1, il sera impossible de remplir le casse-tête avec tous les chiffres de 1 à 8! C'est donc le 3 qui va dans la case du 16. Souviens-toi : n'aie pas peur de faire des essais avec un crayon à mine. Tu pourras toujours effacer les chiffres s'ils ne fonctionnent pas!

2

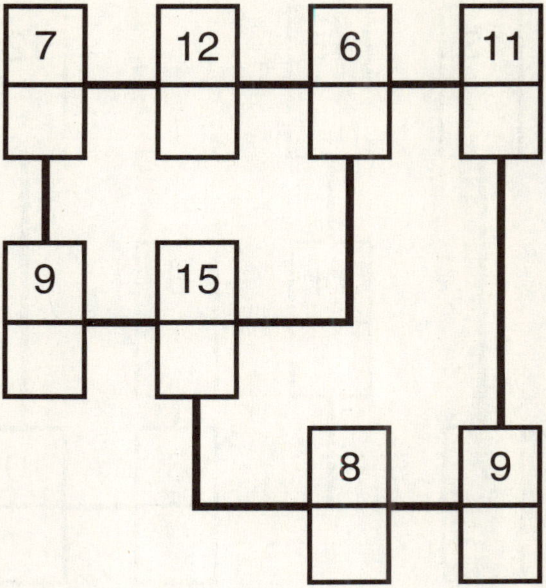

1 2 3 4 5 6 7 8

Tu peux découvrir par toi-même quel chiffre doit aller dans la case du 9, en bas à droite. La case du 6 est reliée à trois autres cases : tu dois donc inscrire dans ces dernières les chiffres 1, 2 ou 3. Voyons maintenant la case du 15. Étant donné que les chiffres 1, 2 et 3 sont déjà utilisés, la seule combinaison possible est 4+5+6. Les seuls chiffres qui restent pour l'espace inférieur droit sont le 7 et le 8, mais si tu essaies le 8, tu ne pourras plus rien mettre dans la case du 15. Quel est donc le seul chiffre qui reste?

3

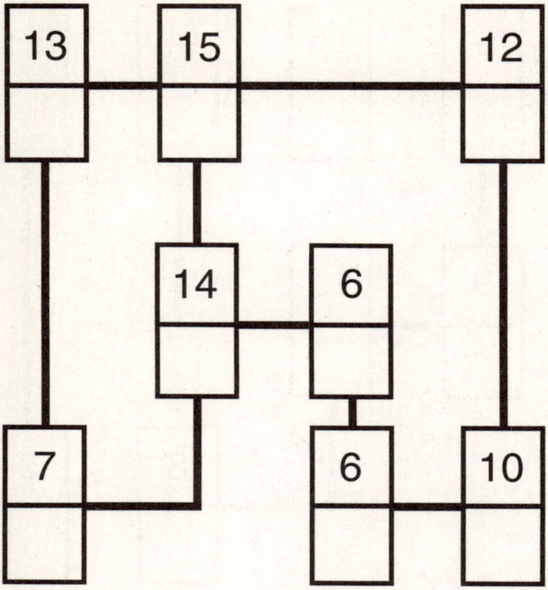

1 2 3 4 5 6 7 8

Tu vois les deux cases comprenant un 6? Elles doivent être reliées aux chiffres 1+5 et 2+4. Maintenant, regarde la case du 13. Pour arriver à 13, il y a deux possibilités : 6+7 ou 5+8, mais le 5 doit être relié à une case comprenant un 6 : ce chiffre n'est donc pas disponible. Tu peux seulement utiliser la combinaison 6+7 = 13. Mais si tu appliques le truc « nombres pairs », tu sauras qu'on ne peut pas mettre un 6 dans la case du 15...

4

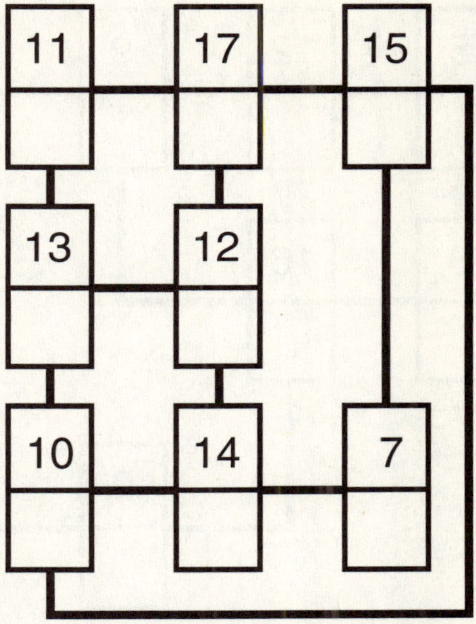

1 2 3 4 5 6 7 8

LE TRUC DES QUATRE CASES!

Voici un truc à utiliser quand tu vois un carré formé par quatre cases dont l'une n'est pas reliée à d'autres cases. Regarde celles du 11, du 17, du 12 et du 13. La case du 11 n'est reliée qu'à celles du 13 et du 17; on sait donc qu'on devra insérer dans ces cases des chiffres dont la somme est 11. La case du 12 est aussi liée à ces deux cases, mais également à la case du 14. Il faut donc faire 12-11 pour trouver le chiffre qui ira dans la case du 14. La réponse est 1... naturellement!

5

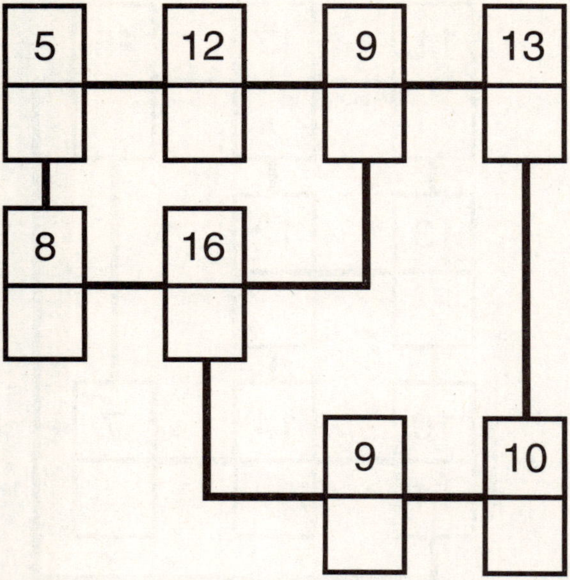

1 2 3 4 5 6 7 8

Qu'est-ce qui va dans la case du 5? Elle se trouve entre la case du 12 et celle du 8. Le truc des « nombres pairs » nous apprend que ça ne peut être ni un 4, ni un 6.
La case du 8 nous indique que ce ne peut pas être un 8, et si on essaie le 1, le 2 ou le 3, on ne peut rien mettre dans la case du 9. La case du 5 ne peut donc contenir qu'un 5 ou un 7. Maintenant, essaie d'inscrire le 7 avec un crayon à mine pour voir ce qui se produit...

6

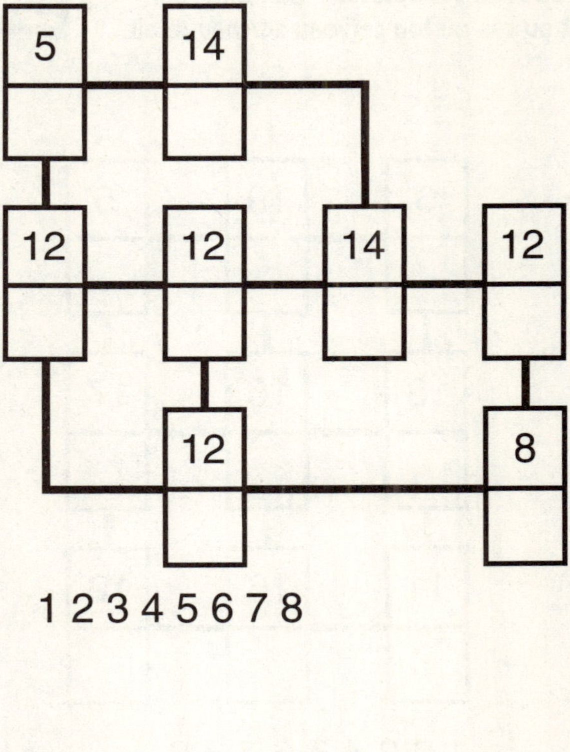

1 2 3 4 5 6 7 8

Quel est le seul chiffre qui peut aller dans la case du 14 de la rangée du milieu? Tu peux le trouver mentalement. Essaie tous les chiffres de 1 à 8 et vois ce que cela suppose pour le chiffre à inscrire dans la case du 5. Si tu trouves un chiffre qui fonctionne, vérifie la case du 8 avant de l'inscrire!

AVERTISSEMENT!

Maintenant que tu as fait quelques exercices, les choses vont se compliquer. Avant de continuer, tu ferais bien de t'attacher un détecteur de fumée sur le front au cas où ton cerveau surchaufferait.

7

1 2 3 4 5 6 7 8 9

Le plus simple serait de voir ce qui pourrait aller dans la case du 19, puis de remplir celles du 18, du 17 et du 16. Essaie ensuite de remplir les trois cases reliées à celle du 16 dans la rangée du bas en te servant des chiffres non utilisés.

8

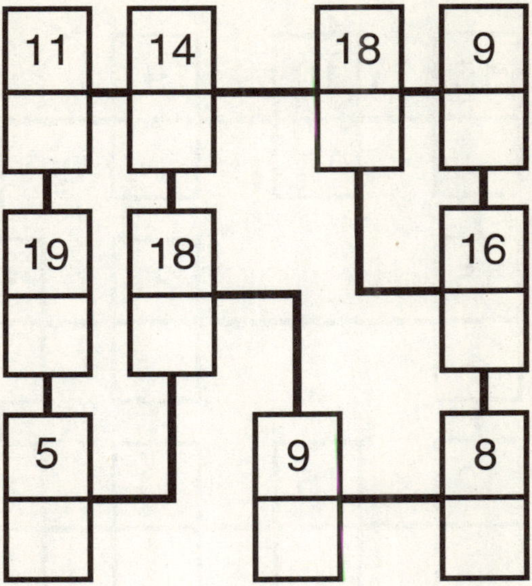

1 2 3 4 5 6 7 8 10

Ici, il faut être attentif. La case du 11 doit comprendre un 9 ou un 10 (à cause de la case du 19). Si tu mets un 9, les chiffres que tu inscriras sous les cases des deux 18 devront donner une somme de 5 (à cause de la case du 14), ce qui est impossible car les chiffres des cases du 18 et du 19 dans la rangée du centre doivent aussi donner une somme de 5 (à cause de la case du 5).

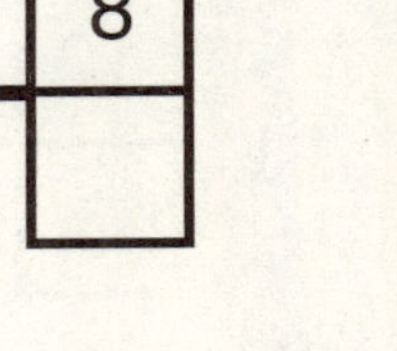

C'est ce qu'on appelle un CONFLIT. Suppose que tu mets un 1 dans la case du 18 du centre; dans ce cas, l'autre case du 18 et celle du 19 devront toutes deux comprendre un 4, ce qui n'est pas permis. En fait, tu ne peux rien mettre dans la case du 18 avant d'avoir rempli les deux autres cases. C'est donc un 10 qu'il faut inscrire dans la case du 11!

9

1 2 3 4 5 6 7 8 9 10

Tu peux utiliser le truc des quatre cases!

10

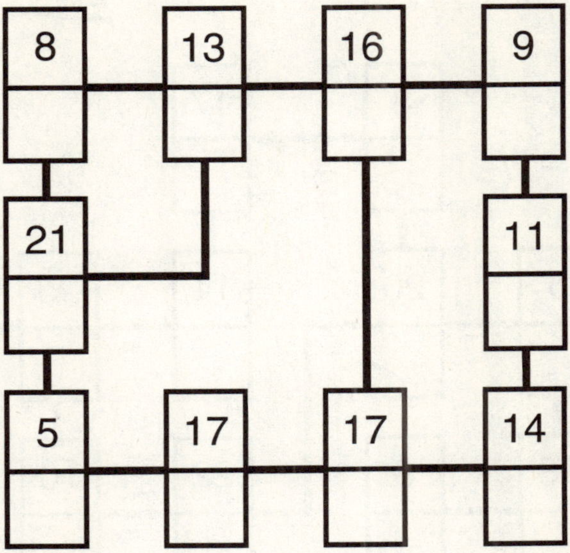

1 2 3 4 5 6 7 8 9 10

Juste pour voir, imagine que tu mets le 8 dans la case du 17, à droite. La case du 16 t'indique que les chiffres inscrits dans la case du 13 et dans celle du 9 doivent donner une somme de 8. Par contre, la case du 8 nous dit que les chiffres insérés dans la case du 13 et celle du 21 doivent aussi donner une somme de 8. C'est un CONFLIT! Tu ne peux donc pas mettre un 8 dans la case du 17, à droite.

AVERTISSEMENT!
Les casse-tête deviennent aussi difficiles que les Kakuro périlleux!

11

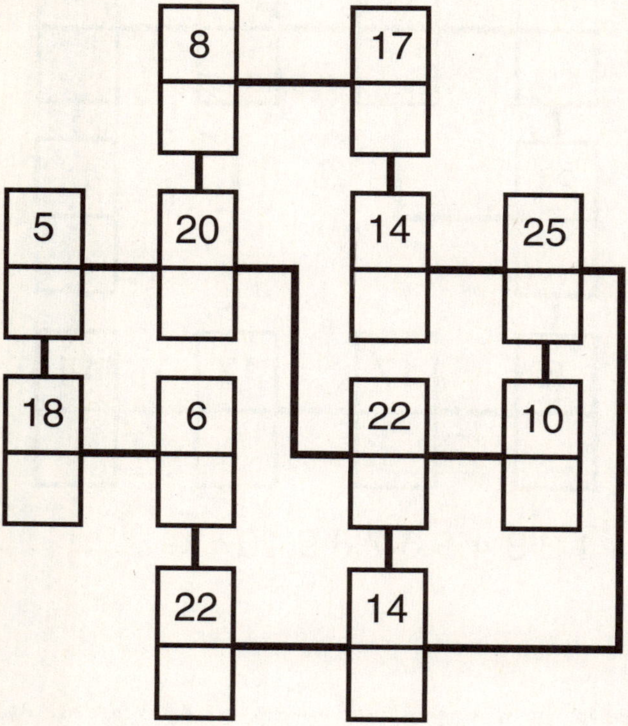

1 2 3 4 5 6 7 8 9 10 11 12

Tu peux utiliser le truc des quatre cases! Si tu y arrives, tu sauras quel chiffre va dans la case du 22.

12

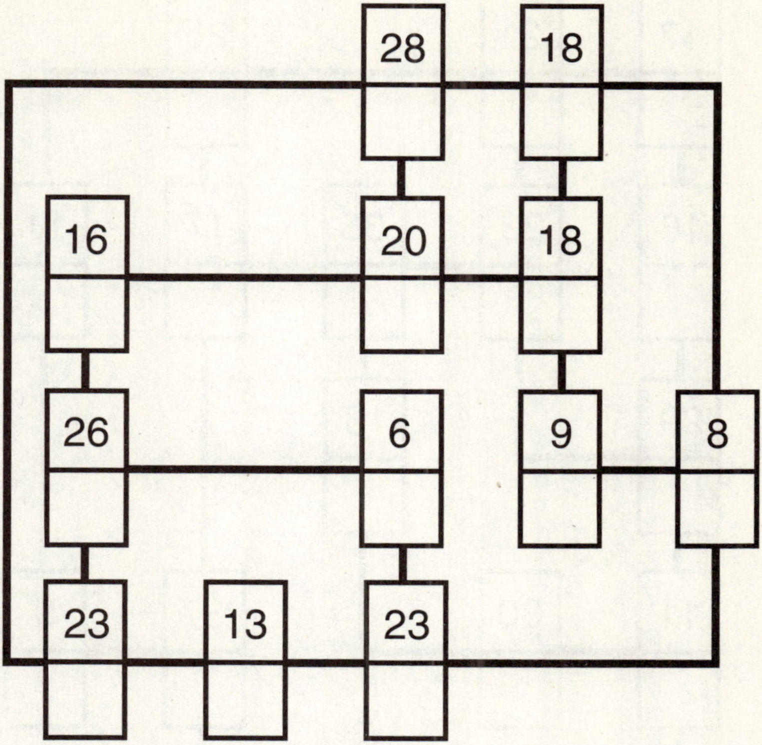

1 2 3 4 5 6 7 8 9 10 11 12

Encore une fois, le truc des quatre cases pourrait bien sauver ton cerveau ici. Souviens-toi de l'utiliser dans les prochains casse-tête. Désolé, c'est le dernier conseil que je peux te donner! Maintenant, tu dois te débrouiller SANS AIDE!

13

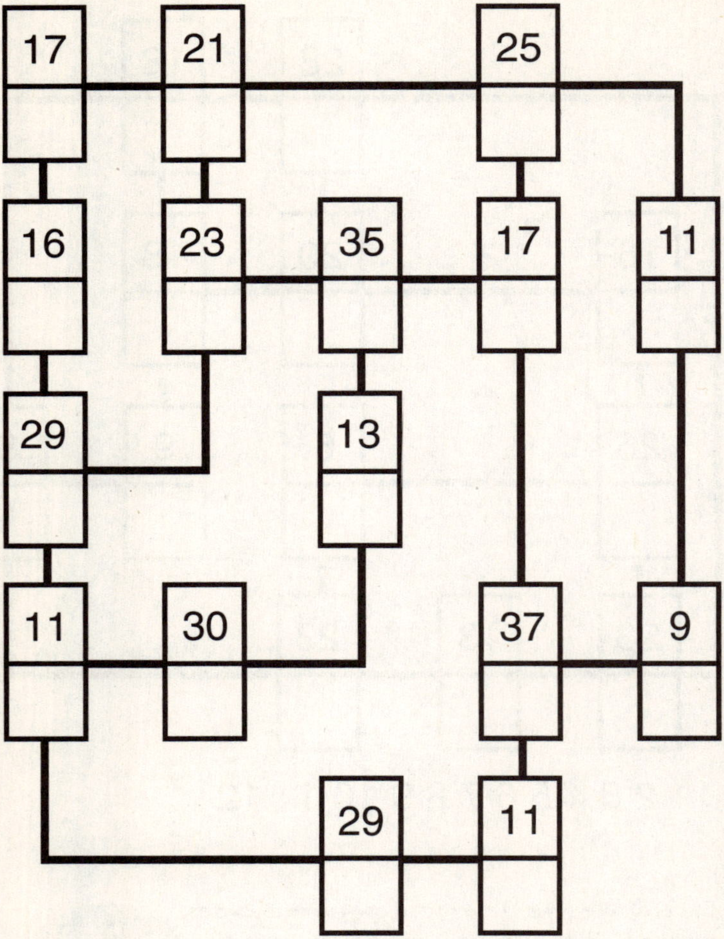

1 2 3 4 5 6 7 8 9 10
11 12 13 14 15 16

14

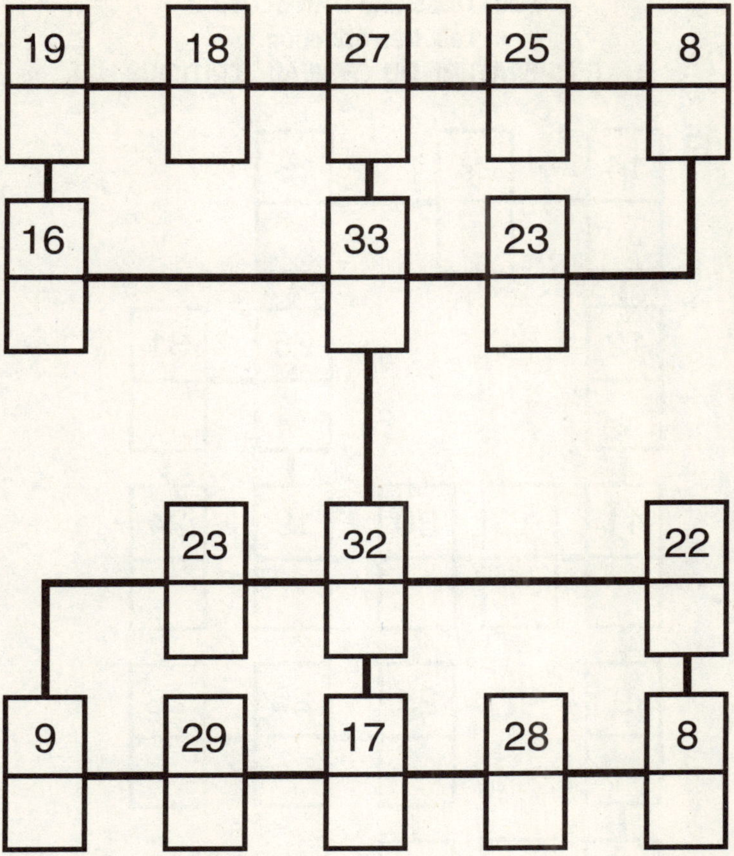

1 2 3 4 5 6 7 8 9 10
11 12 13 14 15 16

AVERTISSEMENT!
Tu t'attaques maintenant
à des casse-tête DANGEREUX!
Fais très attention.
TEMPÉRATURE DU CERVEAU : CRITIQUE

15

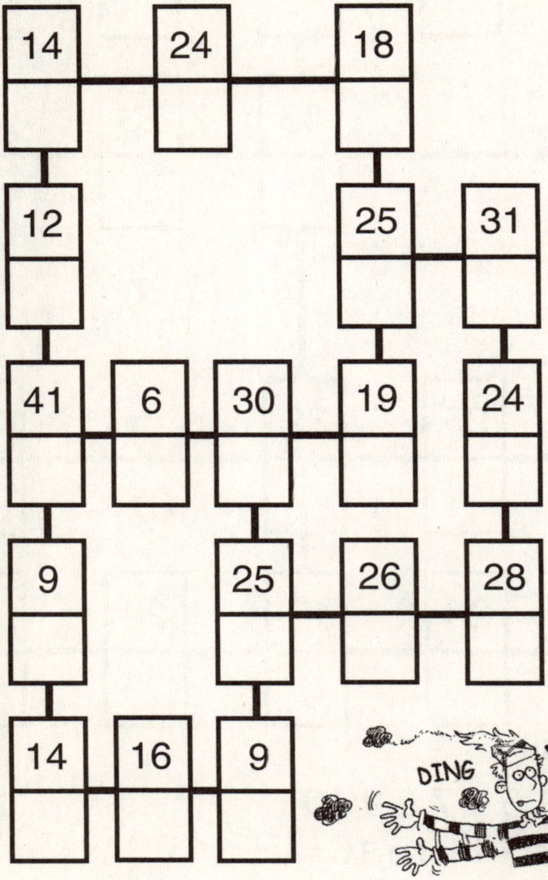

1 2 3 4 5 6 7 8 9 10 11
12 13 14 15 16 17 18

16

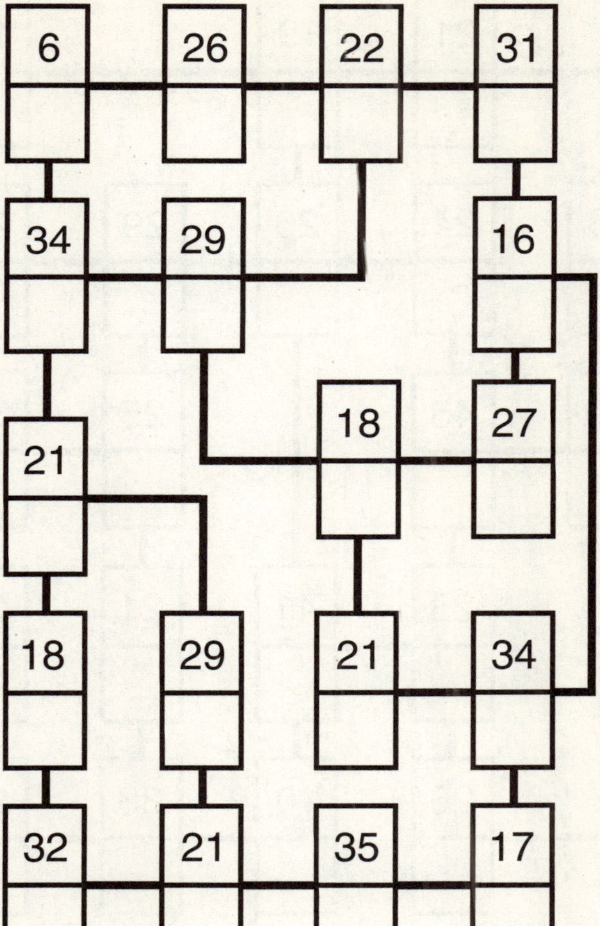

1 2 3 4 5 6 7 8 9 10 11
12 13 14 15 16 17 18

17

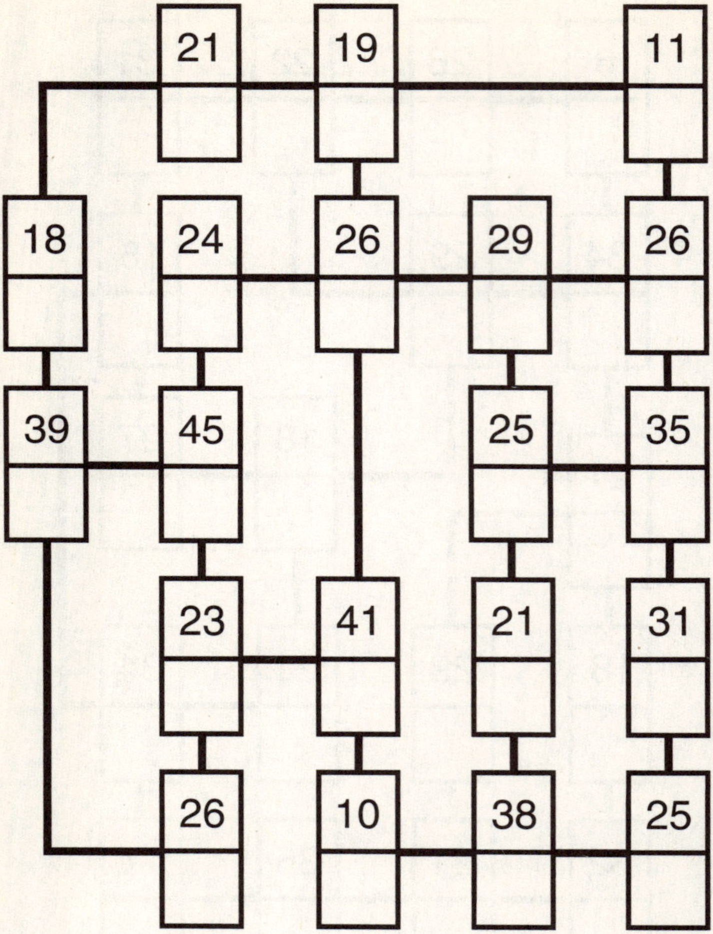

1 2 3 4 5 6 7 8 9 10 11 12

13 14 15 16 17 18 19 20

18

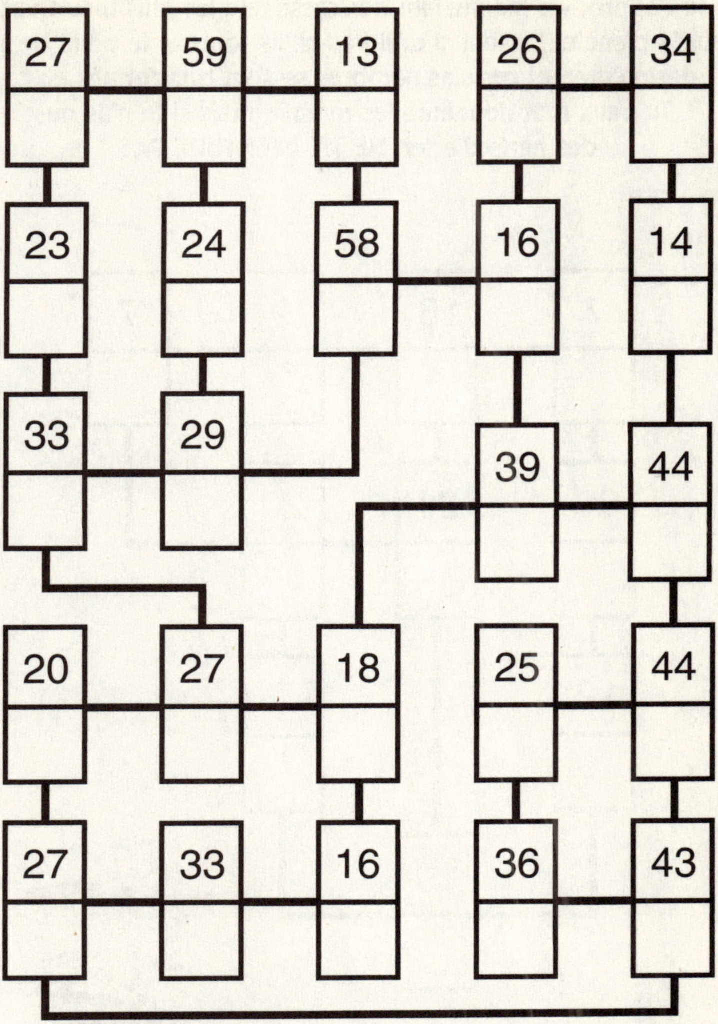

1 2 3 4 5 6 7 8 9 10 11 12 13 14
15 16 17 18 19 20 21 22 23 24

AVERTISSEMENT!

Tu t'approches maintenant des casse-tête les plus meurtriers sur la planète. Ils sont si difficiles qu'ils sont sur le point de se désintégrer, et certains nombres se sont transformés en *. Tu peux tout de même les remplir, mais si tu n'as pas des nerfs d'acier, NE T'Y AVENTURE PAS.

19

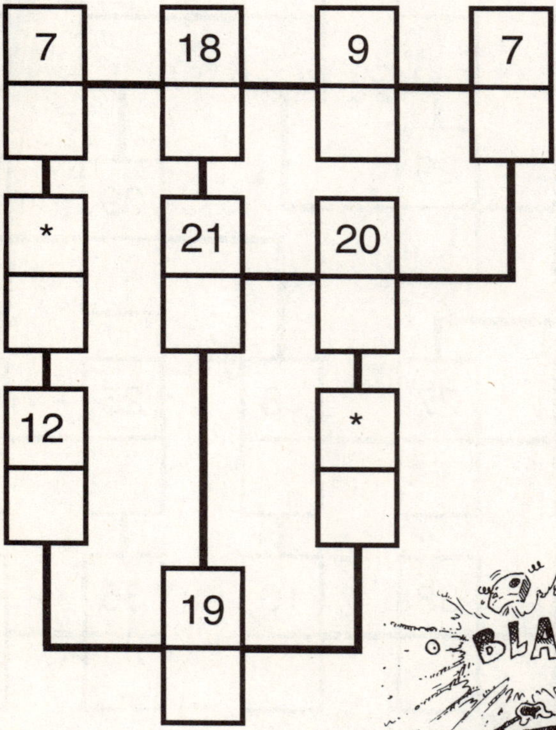

1 2 3 4 5 6 7 8 9 10

20

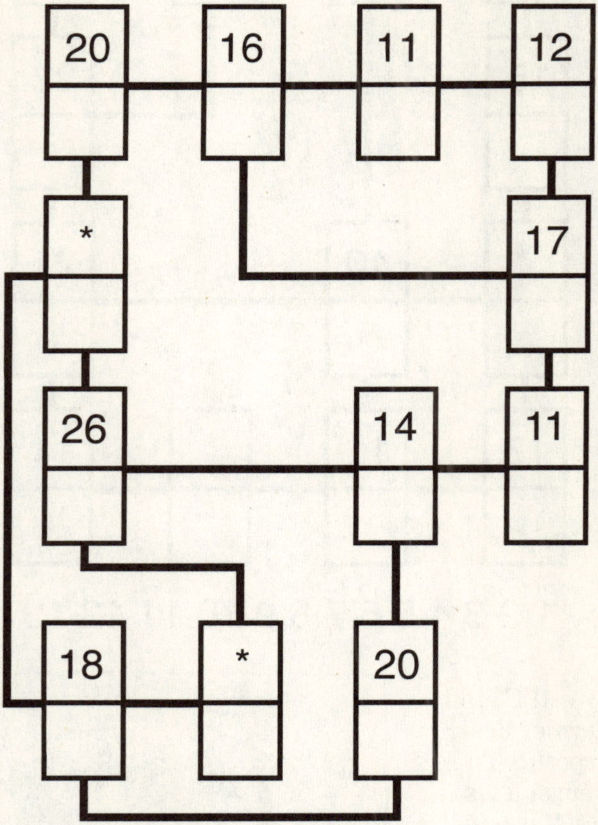

1 2 3 4 5 6 7 8 9 10 12

21

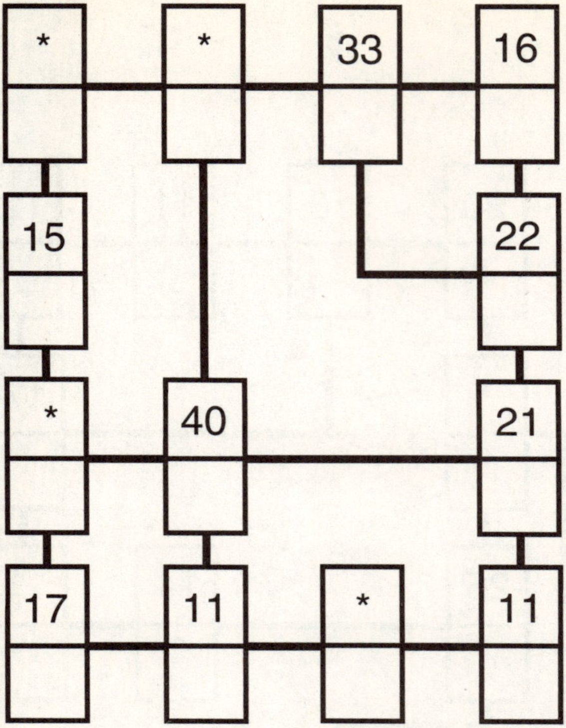

1 2 3 4 5 6 7 8 9 10 11 12 13

Ça y est! C'était le dernier des Kjarposko. Tu as réussi à les compléter tous!

FÉLICITATIONS! Tu as gagné le premier prix chez Hamburger Ultra de Luxe… Malheureusement, la garniture reste un mystère! À toi de deviner!

Solutions

KAKURO

1

9	8		2	1	4		2	4	1		5	9
7	9	8	6	3	5		6	5	3	9	8	7
	7	9			1	2	3			7	9	
2	1				2	4	1				6	2
1	3			2	6		4	3			3	1
4	2	5	9	1	3		5	1	2	3	7	4
		9	8						1	5		
2	4	6	7	9	8		6	7	8	9	5	4
1	6			7	9		5	9			6	2
4	8				6	4	1				3	1
	9	8			1	2	3			9	8	
8	7	9	1	3	2		2	1	3	7	9	8
9	5		2	1	4		4	2	1		7	9

2

1	5	8		2	1			2	1			
3	7	9		4	3	5		1	3	4		
	3	6	2	1		2	1	3		1	2	4
7	9		1	3		1	3			7	8	9
9	8	5	6		1	3		6	8	2	9	7
		1	3	2	4			7	9		4	6
6	4	2		1	3		7	9		6	1	8
9	2		1	3			6	8	9	7		
1	3	8	2	4		2	9		8	9	6	7
2	1	3			2	1		2	1		8	9
8	6	9		2	1	3		1	3	2	5	
		4	2	1		5	2	4		1	7	3
			1	3			1	3		3	9	8

3

	2	1			1	3	2			1	5	
1	3	5	2		2	1	4		7	3	4	2
2	1		6	9	8		7	9	8		1	3
4	5	8	9	7	6		9	8	6	7	2	1
		9	5		7	9	8		9	8		
9	6	7	8		9	8	6		5	9	8	7
7	9										9	8
6	8	9	7		4	1	2		8	7	5	9
		8	9		2	3	1		9	8		
2	1	6	8	7	9		6	8	5	9	2	1
1	3		6	9	8		8	9	7		1	3
4	2	1	5		5	9	7		6	3	4	2
	4	3			7	6	9			1	5	

4

9	8			8	4		2	1			2	1
7	9	8		6	2	1	5	3		2	1	3
	7	9	8		3	2	1		5	1	3	
		3	5	6	1		6	1	2	3		
2	6		9	8	6		7	3	1		5	1
4	8	6	7	9	5		8	5	4	9	7	3
	9	8								8	9	
3	7	9	5	8	4		7	9	4	6	8	3
1	5		3	7	1		1	5	2		6	1
		3	1	6	2		3	8	1	2		
	3	1	2		3	1	2		3	1	2	
3	1	2		1	5	2	4	3		3	1	2
1	2			3	6		5	1			3	1

5

	9	8		2	1	8	6	9		2	1	3
4	6	1		1	3	9	8	7		4	2	1
9	8	2	7	3		7	9		9	1		
		6	9	8		5	7	9	8		7	9
3	1		6	9	8			3	5	7	9	8
1	2	8	5		7	9			7	9	8	6
	3	5			9	8	5			8	6	
8	9	7	5			7	9		2	5	3	1
6	8	9	1	3			2	3	1		4	2
9	7		2	1	8	6		9	8	6		
		1	3		1	3		7	4	3	8	9
2	1	4		3	7	9	1	8		9	6	8
1	3	2		1	9	8	2	6		7	9	

6

3	1		9	7		9	7		3	1
9	7	8	5	6		5	6	8	9	7
8	9	6		9	5	8		6	8	9
1	2			8	9	7			1	2
7	3	4	2				6	5	7	3
		1	3	2		1	4	2		
		2	1	4		3	2	1		
6	8	3	5				1	3	6	8
2	1			7	6	9			2	1
9	7	8		9	8	6		8	9	7
8	9	6	7	5		5	7	6	8	9
1	3		9	8		8	9		1	3

7

9	8	4	6	7		4	1	3	2	6
7	9	6	8	5		5	2	1	6	8
3	1			8	9	6			7	9
2	4	1		9	7	8		2	1	4
1	6	3	4				2	1	3	7
			9	8		9	8			
			7	9		7	9			
6	1	3	2				7	8	6	9
4	2	1		8	9	6		9	3	7
1	3			9	7	8			1	3
9	7	8	5	6		3	8	1	2	4
8	9	6	7	4		7	9	3	4	8

8

4	2		9	7		9	7		4	2
9	7	8	5	6		5	6	8	9	7
8	9	6		8	9	6		6	8	9
2	1			2	4	1			2	1
1	3		6	9	7	8	4		1	3
		1	3				1	3		
		2	1				2	1		
6	8		2	3	9	7	5		6	8
1	3			1	6	3			1	3
9	7	8		6	8	9		8	9	7
8	9	6	7	5		5	7	6	8	9
2	1		9	8		8	9		2	1

9

8	4	3	9		8	9			8	9
4	2	1	7		9	7	8		9	7
3	1		8	7			9	7	6	8
9	6	8		9	5	8		9	5	
7	3	5	9		9	7	2		1	3
		7	8	9		3	1	5	2	4
9	8	1	2	6		9	6	8		
7	9		1	3	2		4	9	3	7
	4	3		5	1	2		3	1	2
4	2	1	3			1	2		7	9
1	3		6	8	9		1	7	2	6
2	1			9	7		3	9	6	8

10

	9	4	5		9	8		7	9	
9	8	1	3		4	6	5	9	8	7
5	7	2	1	4		7	9		5	9
		7	9	8	6	5		9	7	
3	1	5		7	9		1	3		
1	2			9	8		2	4	3	1
2	4	3	1		7	4			1	2
		1	2		3	1		1	2	4
	8	2		4	5	2	1	3		
9	5		9	7		6	9	8	4	3
8	7	9	5	6	4		7	9	2	1
	9	8		8	9		5	6	1	

11

9	8		7	9			9	8	
7	9		6	8	9		7	6	8
8	6	7	9		8	7		7	9
		6	8	9		8	7	9	6
	7	9		7	8	5	9		
7	9	8	6		7	9		7	9
9	8		5	9		6	7	9	8
		9	8	7	6		9	8	
8	6	7	9		7	9	8		
9	7		7	8		7	6	9	8
6	9	7		9	7	6		8	6
	8	9			9	8		7	9

12

	3	1					3	4	
5	1	2	3			3	1	2	5
7	9		2	6	8	1		1	7
9	8	7		8	9		8	7	9
8	6	9		9	7		6	9	8
		6	7			8	9		
		8	9			9	7		
1	2	3		9	7		1	4	2
2	4	1		8	9		3	2	1
3	1		5	6	8	9		1	3
5	9	8	7			7	8	9	5
	7	9					9	7	

13

	3	1					3	4	
5	1	2	3			3	1	2	7
7	9		2	6	8	1		1	5
9	8	7		8	9		8	7	9
8	6	9		9	7		6	9	8
		6	7			9	7		
		8	9			8	9		
1	2	3		7	9		1	4	2
2	4	1		9	8		3	2	1
3	1		7	8	6	9		1	3
5	6	8	9			7	8	9	4
	7	9					9	7	

14

	5	1		2	1		7	5	
2	4	3		1	3		8	9	6
1	3		1	4	2	8		7	9
4	1	3	2			9	7	6	8
	2	1					9	8	
		4	3			9	5		
		2	1			7	6		
	5	9					1	8	
2	4	7	1			7	8	9	6
1	3		7	8	6	9		7	9
4	1	3		7	9		7	6	8
	2	1		9	8		9	5	

15

9	6	8					1	2	3
1	2	9	3			8	3	6	9
3	1		8	7	9	6		1	5
	3	8		9	8		1	3	
		7	9			7	9		
		9	8			9	8		
	8	6		7	9		3	2	
1	3		7	9	8	6		7	9
2	6	1	3			7	9	4	8
3	9	5					5	1	7

16

1	3			1	3		3	2	1
6	8		1	2	4		1	4	2
9	7	8	6		2	1		5	3
8	9	6		4	1	3	2	6	
2	1		3	1		5	1		
		1	5		1	2		7	3
	7	3	2	1	4		8	9	7
1	3		1	3		7	6	8	9
2	8	1		4	3	9		3	1
4	9	6		2	1			1	2

17

6	9	8					9	6	8
2	1	9	3			3	7	1	2
1	3		5	1	2	4		4	9
	2	4		3	1		3	2	
		1	2			1	2		
		3	1			3	1		
	7	9		1	2		4	2	
1	3		6	3	1	9		7	9
4	9	6	8			7	9	3	8
2	8	1					4	1	6

18

		2	1			7	9		
4	2	1	3			9	8	3	7
1	3		5	7	9	8		1	3
2	1	5		9	8		8	6	9
	8	9	7			8	7	9	
	6	8	9			6	9	8	
8	5	7		7	9		5	2	1
9	7		7	9	8	2		5	3
6	9	7	8			3	1	4	2
		9	5			1	2		

19

	5	9		4	3		6	9	8
9	8	7		5	1	6	8	7	9
7	9		1	3		7	9		
	6	4	2	1	3		7	2	4
		9	4	2	1	3		3	1
2	4	1			2	1		1	2
3	1		9	8			2	5	3
1	2		5	7	1	2	3		
5	3	9		9	2	4	1	8	
		5	9		3	1		9	8
8	9	6	7	1	5		8	7	9
9	7	8		3	4		9	5	

20

9	8	7	5			1	3	8	9
8	6	9	7			2	1	9	7
7	9		4	1	2	3		6	8
5	7	8		3	1		9	7	5
		1	2			1	2		
		3	1			3	1		
7	5	9		1	2		4	3	5
6	8		4	3	1	2		1	3
9	7	8	5			3	1	4	2
8	9	6	7			5	3	2	1

21

		7	9			9	8		
7	6	9	8			7	9	6	8
9	8		5	9	7	8		7	9
	2	5	4	8	9	6	3	1	
8	7	9					1	2	3
6	9	8					2	4	1
	1	7	2	5	8	6	4	9	
1	3		5	7	9	8		3	1
2	4	1	3			9	8	5	2
		2	1			7	9		

22

2	3	6	1		1	2		2	1
4	5	9	2		3	6	8	7	9
	7	8	4	9	6		6	9	8
7	9			7	2	9		1	3
9	8	7	6	5		7	9		
		9	8		5	6	8	9	7
2	5		9	2	7			8	9
8	9	7		6	9	8	4	7	
6	8	9	7	3		6	1	3	2
9	7		2	1		9	2	5	4

23

8	9	7		9	8		9	8	6
6	8	9		7	9		7	9	8
9	7		9	8	6	7		7	9
1	6	2	3			6	9	5	7
		5	1			8	5		
		1	2			3	7		
5	7	9	8			9	8	7	5
8	6		6	4	2	5		9	7
9	8	6		2	1		9	6	8
7	9	8		1	3		7	8	9

24

	5	3	1	2		1	3	8	9
3	7	1	2	4		2	1	9	7
8	9		3	1	2	4		2	1
		6	4		1	3		7	2
	4	8		2	4		7	6	
	7	9		1	3		9	5	
3	5		1	3		4	8		
1	3		2	4	1	3		1	3
2	1	3	4		2	1	3	5	4
4	2	5	9		4	2	1	3	

25

1	2	4		4	7	9		1	3
3	1	5	9	6	8	7		2	1
		9	8	7			8	5	
7	5	8		1	2		9	7	5
8	9		2	9	7	1		8	9
9	7		1	8	9	3		9	7
6	8	9		3	1		3	6	8
	6	7			3	2	1		
1	2		9	7	4	1	5	2	3
3	1		8	9	6		2	4	1

26

1	3		6	9	8		9	8	7		1	3
2	1	6	8	7	9		5	9	6	8	2	1
		8	9		5	8	6		8	9		
		9	7		7	9	8		9	7		
3	1			8	4		4	8			3	1
4	5	1	3	6	2		2	6	3	1	4	5
		2	1	4				4	1	2		
1	3	4	2	9	8		8	9	2	4	1	3
2	1			7	9		9	7			2	1
		9	8		4	3	1		9	8		
		7	9		2	1	4		7	9		
1	2	8	6	9	7		7	9	8	6	1	2
3	1		3	7	5		5	8	6		3	1

27

9	7		5	9		8	9			4	5	9
6	3	9	8	7		9	7		9	1	3	7
2	1	7	9		9	7		9	7	2	1	4
		3	1	2	4			8	5		4	8
8	6	5		1	3	2		6	8	5		
9	7		9	3		8	9			9	8	
6	9	7	8		8	9	7		8	7	9	6
	8	9			9	7		9	7		7	9
		8	5	1		6	9	7		9	6	8
6	2		2	3			8	6	9	7		
7	3	9	1	2		8	7		1	3	8	9
9	6	8	3		8	9		3	2	1	4	7
5	1	6			9	7		1	5		1	3

28

3	7	9	1	8		3	1	9	8	7
1	9	8	2	6		1	2	8	6	9
	1	6		7	9	8		7	9	
1	2	7		9	8	6		5	3	1
3	4		2	5		2	3		7	2
		1	3				1	3		
		2	1				2	1		
3	4		9	5		3	4		3	1
1	2	6		7	9	8		5	4	2
	1	3		9	8	6		7	9	
3	7	9	1	8		2	1	8	6	9
1	9	8	2	6		1	3	9	8	7

29

	9	6	8		7	9		5	8
9	8	3	1		6	8	5	9	7
7	6	1	2	3	4		6	8	9
		2	4	1		3	1	6	2
	6	5	7		4	1	2		
7	9		6	7	9			7	9
9	8			9	8	7		9	8
		8	9	6		6	8	5	
4	8	9	7		2	3	5		
2	1	4		7	6	8	9	4	3
1	3	5	2	4		9	7	2	1
5	2		1	3		2	4	1	

30

	5	7		9	7		5	8	7	9
5	8	9	7	6	2		7	6	9	8
9	7		9	8		8	9		1	2
	9	7		5	9	7			3	1
1	4	9	7		8	9	7		8	6
3	6	8	9	7		1	2	6		
		2	4	1		6	4	9	7	1
6	8		8	3	1		6	8	9	3
2	1			2	5	4		1	3	
1	3		1	4		1	2		8	9
8	9	6	7		2	3	1	4	6	7
9	7	1	2		1	5		2	1	

31

5	7		8	3			4	2	1	3
8	6		9	7	8		2	1	3	5
7	9	8	4	1	6		1	3		
9	8	6			5	4	7	9	8	6
		4	8	6	9	7		7	9	8
5	7		6	9		8	9		7	9
7	9		9	7		9	7		5	7
9	8	7		8	9	6	5	3		
8	6	9	4	5	7			9	8	6
		1	3		6	1	4	7	9	8
5	3	2	1		8	7	9		7	9
9	1	4	2			3	8		5	7

32

3	1	2	9	7		3	2	1	9	7
1	2	4	8	9		1	4	2	8	9
9	7			6	8	9			3	1
8	9			8	9	7			1	2
		1	2	4		4	1	2		
2	1	9	7				8	9	6	7
1	3	8	9				9	7	8	5
		3	1	4		2	3	1		
8	9			6	8	9			1	2
9	7			8	9	7			3	1
3	1	2	9	7		3	2	1	9	7
1	2	4	8	9		1	4	2	8	9

33

	4	9		3	4		3	1		3	1	
9	6	8		1	2		1	2		9	4	6
7	1	4	2		5	4	9		4	6	2	1
		6	1		3	1	2		9	8		
	2	1			1	2	4			2	9	
4	1	3	5	2	6		5	8	6	1	4	2
1	3		3	1				7	9		3	1
2	4	7	9	8	6		5	9	8	6	1	4
	5	9			5	4	9			4	2	
		3	9		3	1	2		1	2		
3	9	5	8		1	2	4		3	1	2	9
1	3	2		3	4		3	1		9	6	8
	5	1		1	2		1	2		3	1	

34

	1	2		8	4		1	4	2
6	4	9		6	3		3	2	1
1	2	8	5	9	7			1	3
		7	9		2	1	9	3	5
8	9	6			6	9	8		
3	7	1	8		1	3		8	7
9	6		6	1		7	8	9	5
		1	4	2			4	2	1
5	7	3	9	6		1	3		
8	6			4	3	5	2	1	9
9	8	6		7	2		6	9	8
7	9	8		5	1		1	3	

35

	8	6	9	3		6	3	9	8	
	6	2	7	1		3	1	7	9	
	9	7		4	1	2		3	1	
2	4	1		2	3	1		2	4	1
1	7	3	2				4	1	6	3
			4	8	1	3	2			
			5	9	2	1	6			
7	9	4	8				5	6	1	3
9	8	6		2	4	1		4	2	1
	7	9		1	2	3		1	3	
	3	1	9	7		6	1	9	7	
	1	2	7	4		2	3	8	9	

36

1	2	3	5		2	1			
2	4	1	3		5	3	1	2	4
3	1		7	9		5	3	1	2
9	7		4	7	9	2		3	1
		2	1	3	7		7	9	
9	8	4	2	1			1	5	3
3	5	1			1	2	4	8	9
	9	7		7	3	1	2		
1	3		8	9	7	4		3	5
2	1	3	7		9	7		1	3
4	2	1	5	3		3	1	4	2
			9	7		5	3	2	1

37

4	9	7		9	8		7	9		7	9	4
2	5	1	3	7	4		6	5	7	9	8	2
1	8	9	6		9	6	8		6	5	3	1
	3	2		5	7	8	9	6		8	6	
9	7		4	1	2		1	2	4		7	9
8	6	9	7	3	1		3	1	6	4	5	8
		8	9						8	7		
8	5	6	3	7	1		3	1	7	9	4	2
9	7		8	9	7		8	2	9		3	1
	3	5		5	2	3	1	4		2	8	
7	2	1	4		4	1	2		3	1	2	8
9	4	6	8	7	5		6	8	4	5	7	9
8	1	3		9	8		7	9		3	1	6

38

	7	9		9	5		5	1		5	7	
9	3	5		7	6		4	3		7	9	1
8	1	2	3		8	9	6		7	9	8	3
	2	4	1		1	4	2		9	8	6	
3	4			5	9	7	1	2			3	1
1	5	6	2	3	7		3	8	9	6	5	2
		8	9	6				4	2	1		
8	5	2	4	1	3		2	1	4	3	6	7
9	7			2	5	6	1	3			5	9
	6	8	9		9	8	6		9	6	8	
2	8	9	7		7	9	8		7	8	9	3
1	9	7		7	6		7	9		9	7	1
	1	2		9	8		9	8		1	2	

39

8	6	9					1	2	4
2	1	6	4			8	2	9	7
1	3	8	9			6	4	8	9
9	2		8	7	9	5		4	6
6	4	8		9	8		2	1	8
		7	9			7	9		
		9	8			9	8		
1	8	2		7	9		7	6	4
4	6		3	9	8	2		8	1
9	7	2	1			1	2	7	9
8	9	4	6			6	4	9	8
2	4	1					1	4	2

40

		8	6	9	7	4		7	5
	3	1	4	8	9	2		9	7
3	1	2		5	2	1	9	6	8
2	6		4	7	3		7	8	9
	4	1	2		6	7			
1	2	3	5		8	9		7	9
3	5		3	4		6	7	9	8
			1	2		8	9	6	
1	2	3		7	3	5		1	2
2	4	1	9	8	5		1	3	4
3	1		6	3	1	4	2	5	
8	9		8	1	2	6	9		

PONTS

Voici le premier casse-tête (page 54), une fois terminé :

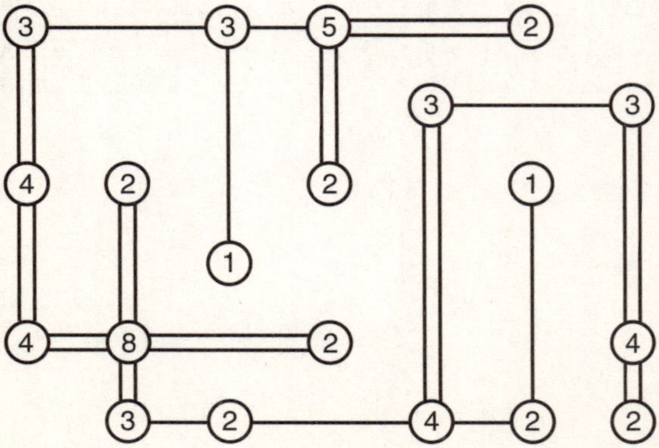

1

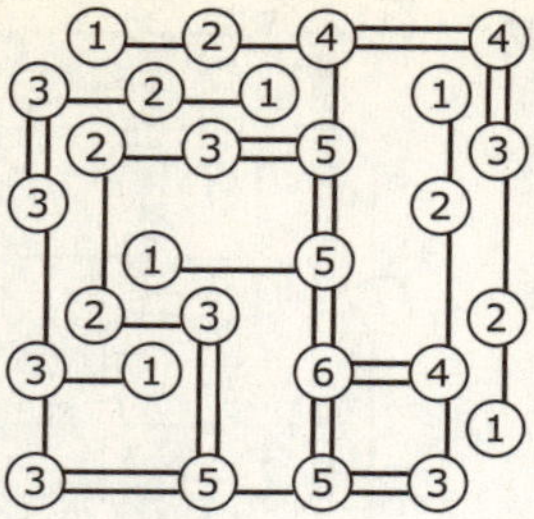

2

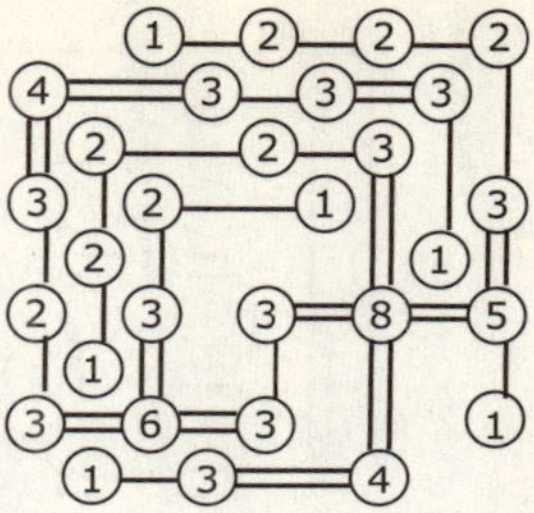

3

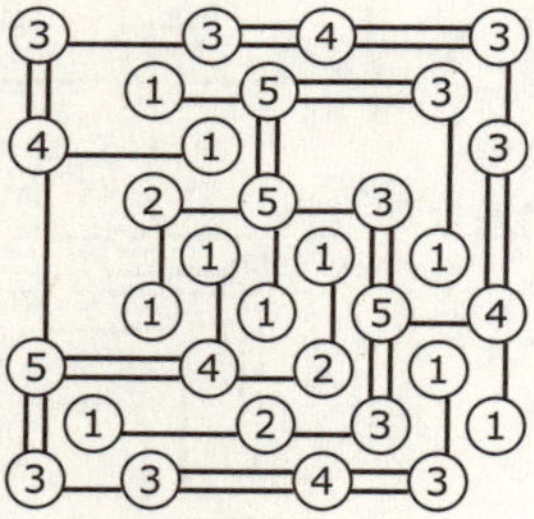

4

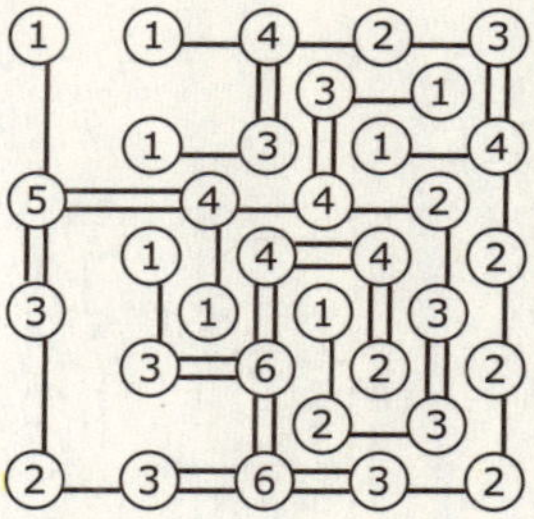

5

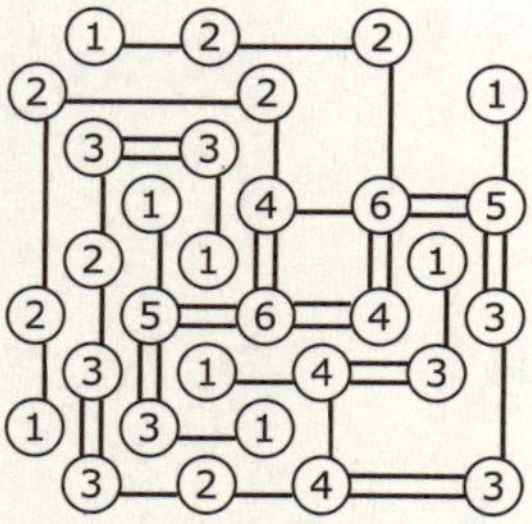

6

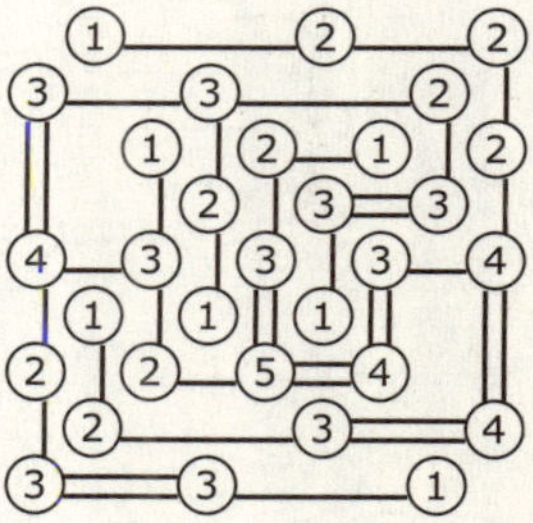

7

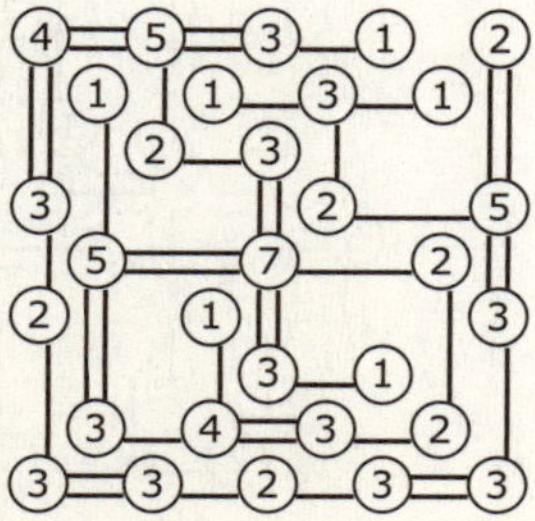

8

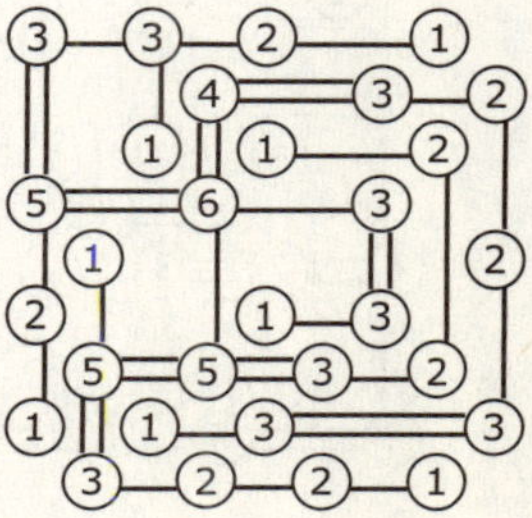

9

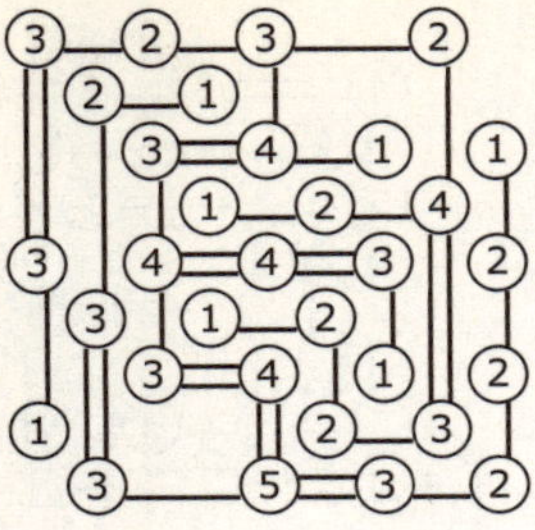

10

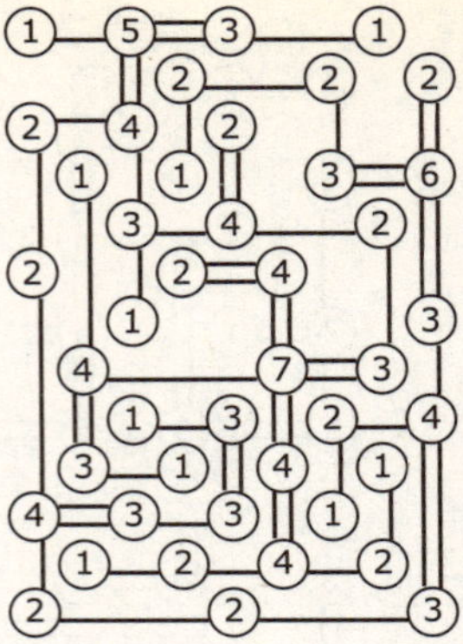

11

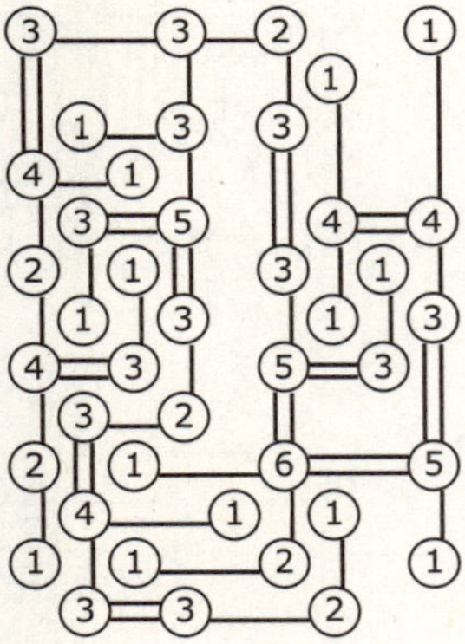

12

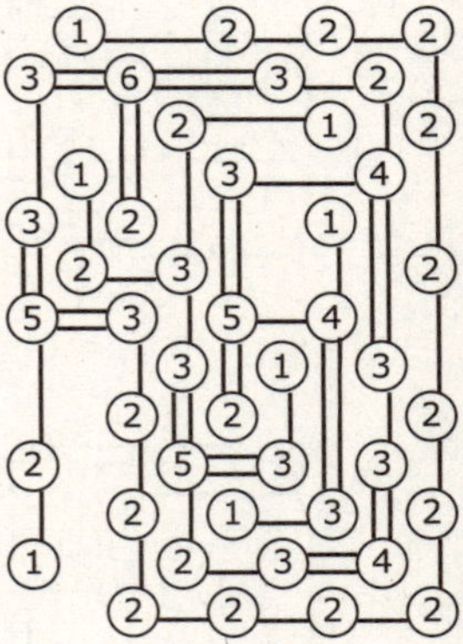

13

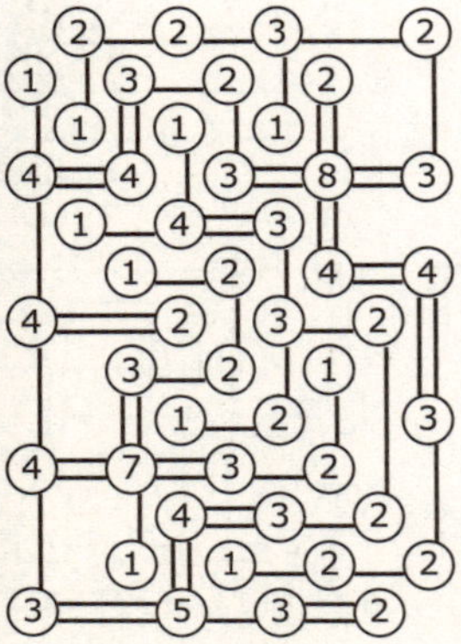

14

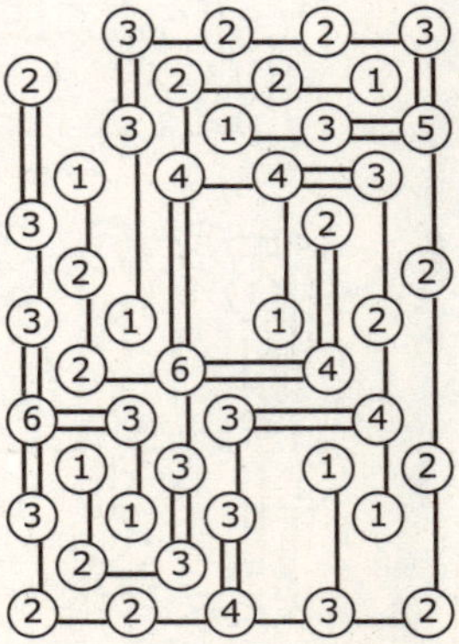

15

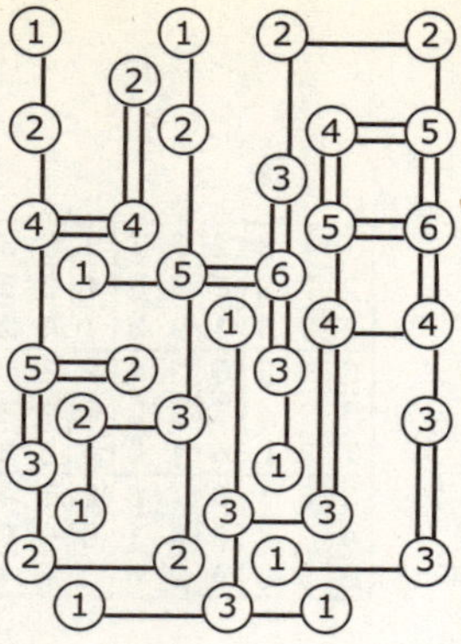

16

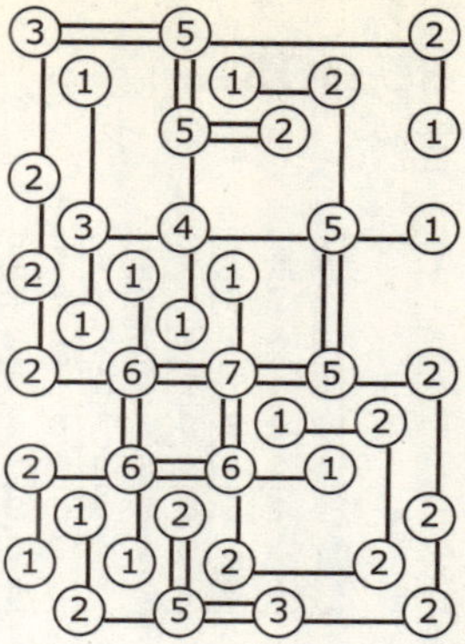

17

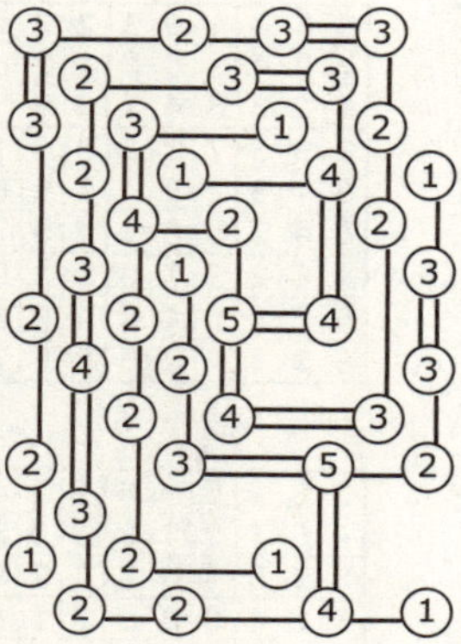

18

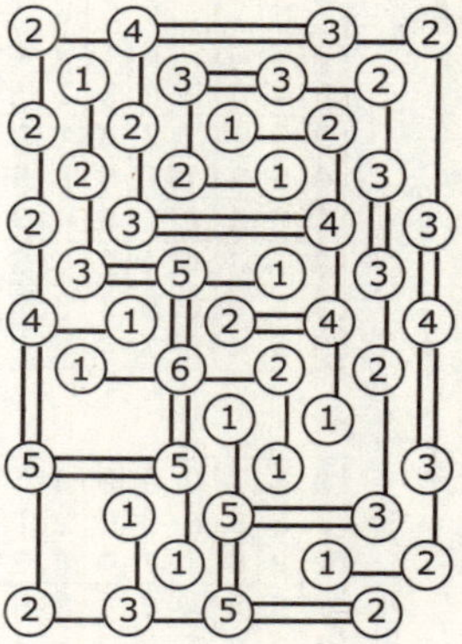

19

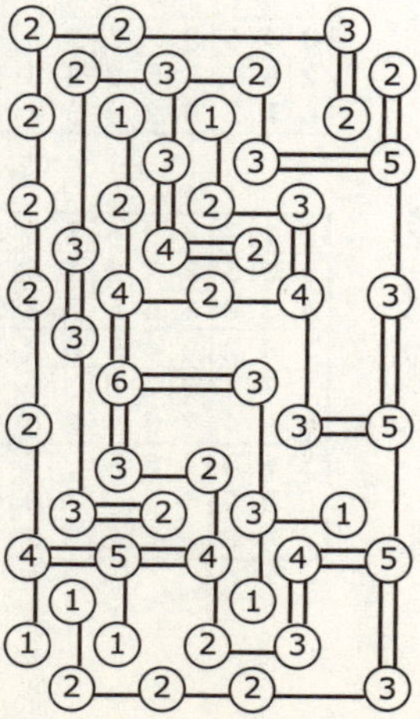

20

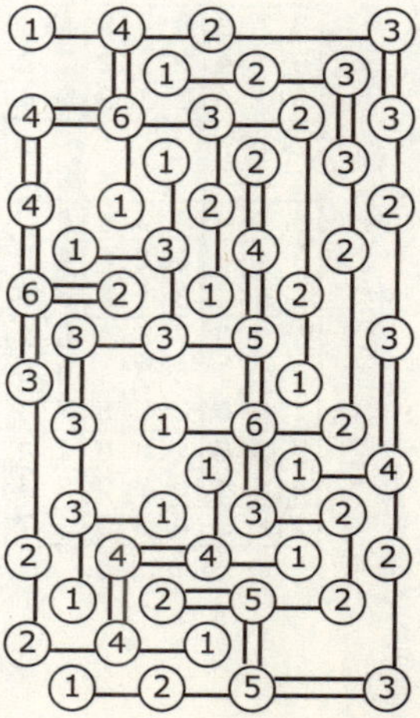

SU DOKU

1

9	4	1	8	3	6	5	7	2
6	7	3	5	9	2	4	1	8
8	5	2	4	7	1	9	3	6
3	1	7	2	4	8	6	5	9
2	9	6	3	5	7	8	4	1
5	8	4	1	6	9	7	2	3
4	2	5	6	8	3	1	9	7
7	3	8	9	1	4	2	6	5
1	6	9	7	2	5	3	8	4

2

1	4	3	2	6	7	5	9	8
2	7	9	8	4	5	1	3	6
8	5	6	1	9	3	7	4	2
6	1	8	5	3	4	9	2	7
5	9	4	7	8	2	6	1	3
7	3	2	6	1	9	4	8	5
3	6	1	9	7	8	2	5	4
4	2	7	3	5	1	8	6	9
9	8	5	4	2	6	3	7	1

3

7	9	1	8	4	5	6	3	2
3	2	8	7	6	1	9	4	5
5	4	6	2	9	3	7	1	8
9	3	7	5	8	4	1	2	6
4	6	2	1	7	9	8	5	3
1	8	5	3	2	6	4	9	7
8	7	3	4	1	2	5	6	9
2	1	9	6	5	7	3	8	4
6	5	4	9	3	8	2	7	1

4

8	5	6	1	9	3	2	7	4
7	9	4	5	6	2	1	3	8
1	2	3	8	4	7	6	9	5
2	8	5	7	3	6	9	4	1
3	1	9	2	5	4	7	8	6
6	4	7	9	8	1	3	5	2
4	6	2	3	7	8	5	1	9
5	7	8	6	1	9	4	2	3
9	3	1	4	2	5	8	6	7

5

6	4	7	2	3	9	8	5	1
1	9	3	8	5	6	2	7	4
2	8	5	1	7	4	6	3	9
7	5	2	4	8	1	3	9	6
4	3	9	6	2	7	5	1	8
8	6	1	5	9	3	4	2	7
3	7	8	9	4	5	1	6	2
9	1	4	3	6	2	7	8	5
5	2	6	7	1	8	9	4	3

6

3	8	2	5	9	6	1	7	4
4	5	7	2	1	3	6	9	8
9	1	6	4	8	7	3	2	5
5	2	4	8	3	9	7	1	6
1	3	9	7	6	5	8	4	2
7	6	8	1	4	2	9	5	3
8	4	5	3	7	1	2	6	9
2	9	1	6	5	8	4	3	7
6	7	3	9	2	4	5	8	1

7

6	7	2	8	4	9	5	1	3
3	1	8	6	2	5	4	9	7
9	5	4	3	1	7	6	8	2
5	9	3	7	6	4	8	2	1
8	2	7	5	3	1	9	6	4
1	4	6	2	9	8	7	3	5
7	3	5	1	8	6	2	4	9
4	6	1	9	7	2	3	5	8
2	8	9	4	5	3	1	7	6

8

2	1	7	3	9	4	5	6	8
9	6	5	8	7	2	1	4	3
4	3	8	1	5	6	7	2	9
3	8	2	9	4	5	6	1	7
5	7	1	6	2	8	3	9	4
6	9	4	7	3	1	2	8	5
1	5	3	4	6	9	8	7	2
8	2	9	5	1	7	4	3	6
7	4	6	2	8	3	9	5	1

9

2	1	7	8	4	5	6	3	9
3	8	9	7	6	1	5	2	4
4	6	5	9	3	2	7	8	1
5	9	1	3	8	6	4	7	2
6	7	2	4	5	9	3	1	8
8	4	3	1	2	7	9	6	5
9	3	8	6	1	4	2	5	7
7	2	6	5	9	8	1	4	3
1	5	4	2	7	3	8	9	6

10

3	6	9	8	1	7	4	2	5
4	1	8	5	6	2	7	3	9
5	2	7	3	4	9	6	1	8
1	4	5	7	9	3	2	8	6
7	8	6	1	2	5	3	9	4
9	3	2	4	8	6	1	5	7
8	5	4	6	3	1	9	7	2
2	7	1	9	5	4	8	6	3
6	9	3	2	7	8	5	4	1

11

7	4	2	3	8	5	9	6	1
3	9	6	4	1	2	7	8	5
1	5	8	6	9	7	3	4	2
4	7	5	1	2	6	8	9	3
8	2	3	7	4	9	1	5	6
6	1	9	8	5	3	4	2	7
9	6	7	2	3	8	5	1	4
5	3	1	9	6	4	2	7	8
2	8	4	5	7	1	6	3	9

12

6	1	3	4	2	8	5	9	7
4	5	2	7	9	3	8	6	1
8	7	9	1	6	5	3	4	2
5	3	6	2	1	7	9	8	4
1	2	8	3	4	9	7	5	6
7	9	4	8	5	6	2	1	3
9	4	7	6	8	2	1	3	5
3	8	1	5	7	4	6	2	9
2	6	5	9	3	1	4	7	8

13

3	7	9	2	4	8	1	5	6
6	8	2	1	3	5	9	7	4
5	1	4	7	6	9	8	2	3
1	3	6	8	5	4	2	9	7
9	2	8	3	7	1	4	6	5
4	5	7	9	2	6	3	8	1
2	6	1	4	8	7	5	3	9
8	9	5	6	1	3	7	4	2
7	4	3	5	9	2	6	1	8

14

2	9	7	8	1	5	6	3	4
4	1	6	3	2	9	8	5	7
3	5	8	4	6	7	9	1	2
6	2	3	9	8	4	5	7	1
7	8	5	1	3	2	4	6	9
9	4	1	5	7	6	2	8	3
8	7	4	2	5	3	1	9	6
5	6	9	7	4	1	3	2	8
1	3	2	6	9	8	7	4	5

15

9	2	3	5	8	7	1	4	6
7	8	1	4	9	6	3	5	2
5	4	6	1	3	2	9	7	8
1	6	5	2	7	8	4	3	9
8	7	9	3	6	4	5	2	1
4	3	2	9	5	1	8	6	7
2	5	8	6	4	9	7	1	3
3	1	7	8	2	5	6	9	4
6	9	4	7	1	3	2	8	5

16

4	3	2	7	9	5	6	8	1
7	6	1	8	2	3	9	4	5
9	5	8	4	1	6	7	3	2
5	4	9	3	8	1	2	7	6
8	2	7	5	6	4	1	9	3
3	1	6	2	7	9	8	5	4
2	9	4	1	5	7	3	6	8
6	8	3	9	4	2	5	1	7
1	7	5	6	3	8	4	2	9

17

6	3	9	2	4	7	1	5	8
5	4	8	9	6	1	7	2	3
7	1	2	8	3	5	4	9	6
2	7	6	3	9	8	5	4	1
8	9	4	5	1	2	3	6	7
1	5	3	4	7	6	2	8	9
4	8	1	6	5	3	9	7	2
9	6	7	1	2	4	8	3	5
3	2	5	7	8	9	6	1	4

18

6	7	9	5	4	2	8	3	1
1	2	4	8	3	9	7	6	5
8	3	5	6	7	1	4	2	9
2	4	1	3	9	7	6	5	8
5	9	8	1	2	6	3	7	4
7	6	3	4	8	5	1	9	2
4	5	2	7	1	3	9	8	6
9	8	7	2	6	4	5	1	3
3	1	6	9	5	8	2	4	7

19

8	4	7	9	5	1	3	6	2
5	6	1	3	2	8	9	7	4
3	2	9	4	7	6	1	8	5
6	3	2	7	8	5	4	1	9
7	8	4	1	3	9	5	2	6
9	1	5	2	6	4	7	3	8
1	9	3	6	4	2	8	5	7
2	7	8	5	9	3	6	4	1
4	5	6	8	1	7	2	9	3

20

1	7	2	3	8	4	6	9	5
4	5	9	1	2	6	8	3	7
3	6	8	5	7	9	4	1	2
8	1	4	7	5	3	2	6	9
6	9	5	2	4	8	3	7	1
7	2	3	9	6	1	5	8	4
5	3	1	6	9	2	7	4	8
9	8	7	4	3	5	1	2	6
2	4	6	8	1	7	9	5	3

Page 98

5	4	9	7	3	1	2	8	6						
6	7	8	9	2	5	3	1	4						
2	3	1	8	4	6	5	9	7						
7	9	2	5	1	4	6	3	8						
8	5	6	3	9	7	4	2	1						
4	1	3	2	6	8	9	7	5						
1	2	5	4	8	3	7	6	9	5	2	1	8	3	4
3	8	7	6	5	9	1	4	2	3	8	9	5	6	7
9	6	4	1	7	2	8	5	3	6	4	7	2	1	9
						5	2	7	8	1	3	4	9	6
						9	3	8	2	6	4	7	5	1
						6	1	4	9	7	5	3	2	8
						3	8	5	4	9	6	1	7	2
						2	7	6	1	3	8	9	4	5
						4	9	1	7	5	2	6	8	3

KJARPOSKO

Voici le casse-tête d'essai, une fois terminé :

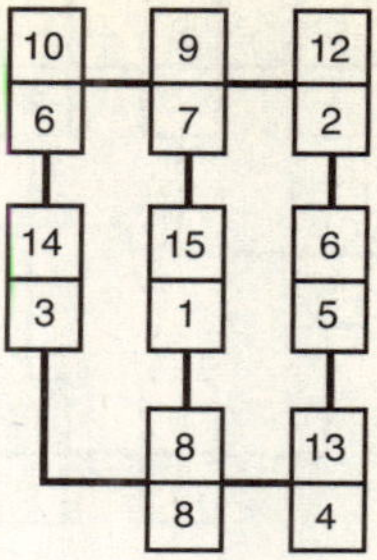

1

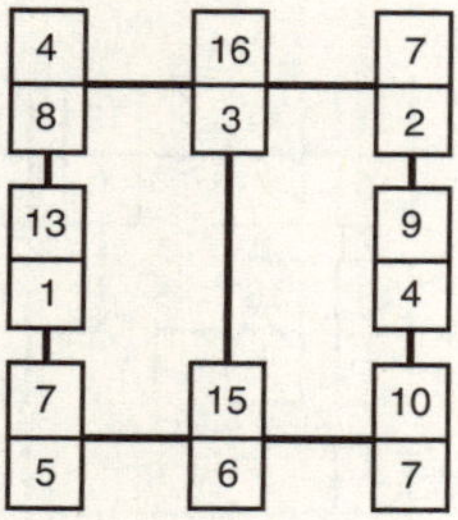

2

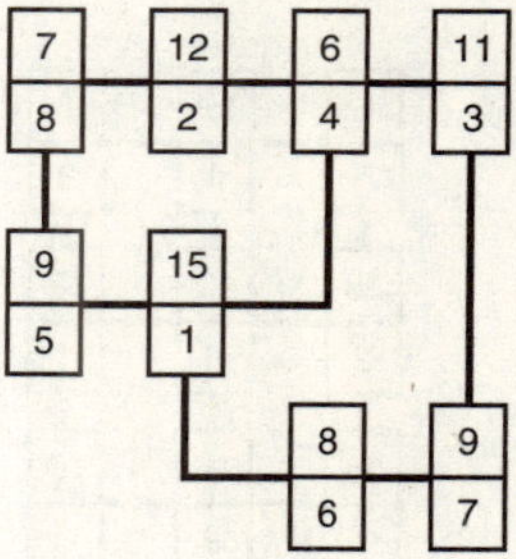

3

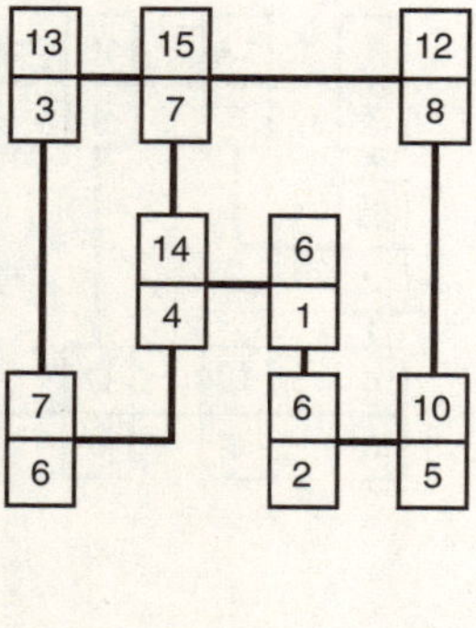

4

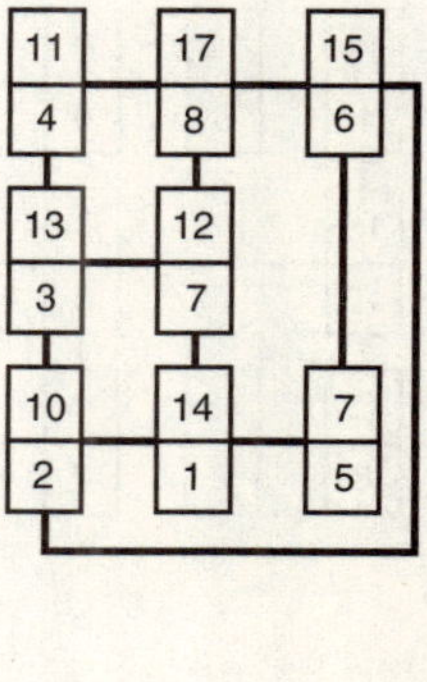

5

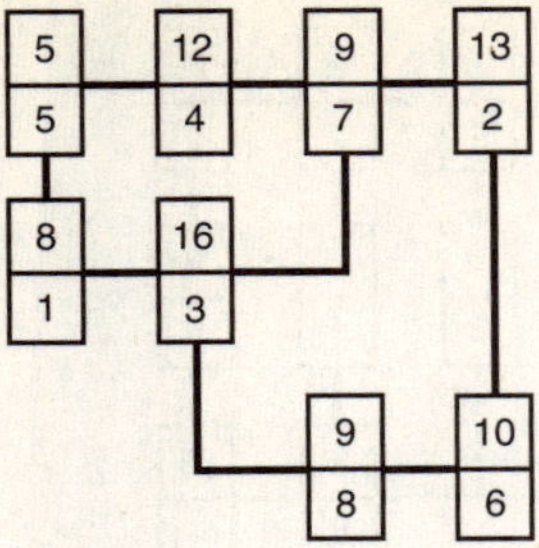
5 12 9 13
5 4 7 2
8 16
1 3
9 10
8 6

6

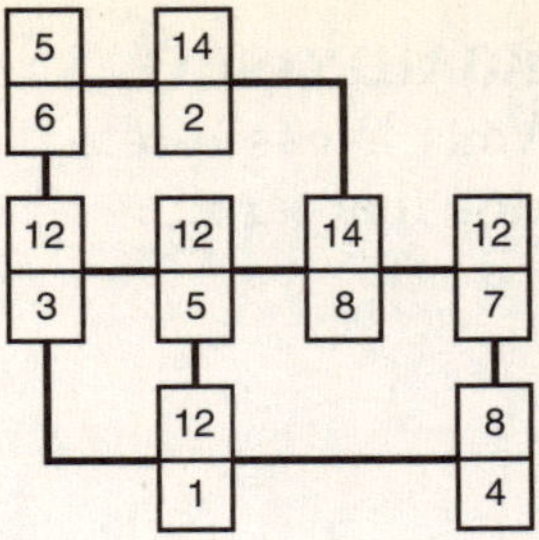
5 14
6 2
12 12 14 12
3 5 8 7
12 8
1 4

7

6 19 5
5 4 8
18 16 17
2 6 1
11 16 10
7 9 3

8

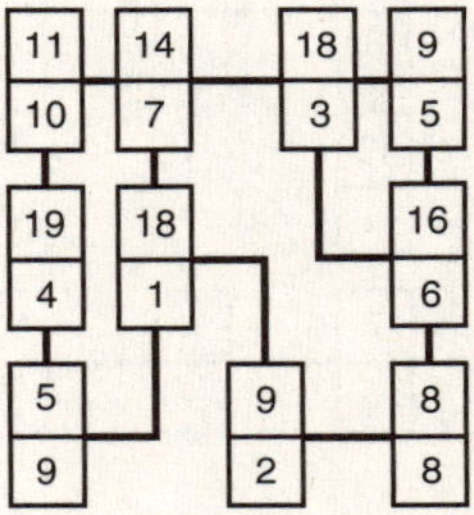
11 14 18 9
10 7 3 5
19 18 16
4 1 6
5 9 8
9 2 8

9

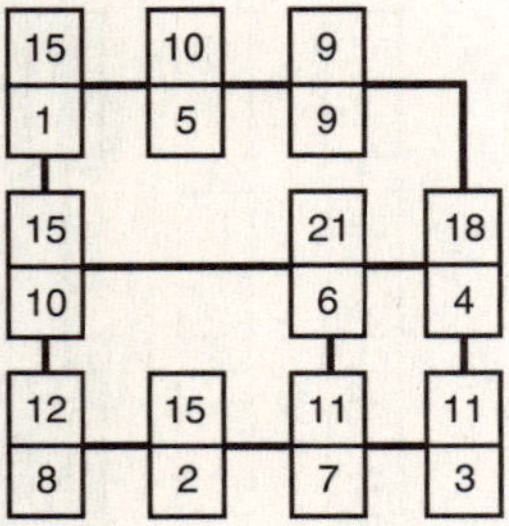
15 10 9
1 5 9
15 21 18
10 6 4
12 15 11 11
8 2 7 3

10

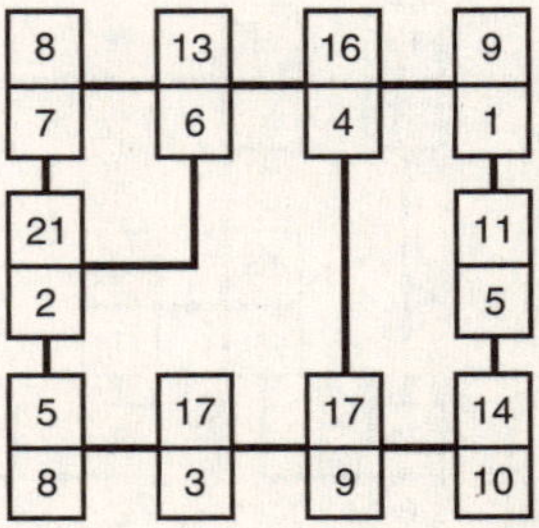
8 13 16 9
7 6 4 1
21 11
2 5
5 17 17 14
8 3 9 10

11

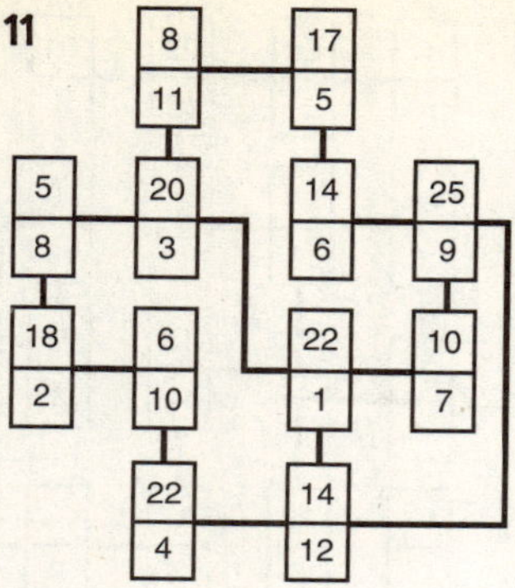
8 11
17 5
5 8
20 3
14 6
25 9
18 2
6 10
22 1
10 7
22 4
14 12

12

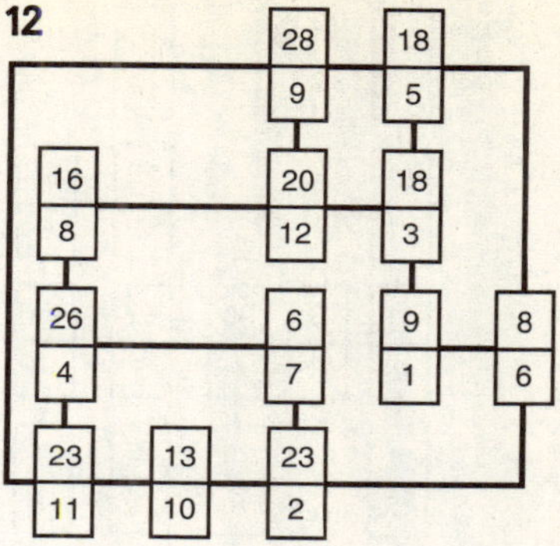
28 9
18 5
16 8
20 12
18 3
26 4
6 7
9 1
8 6
23 11
13 10
23 2

13

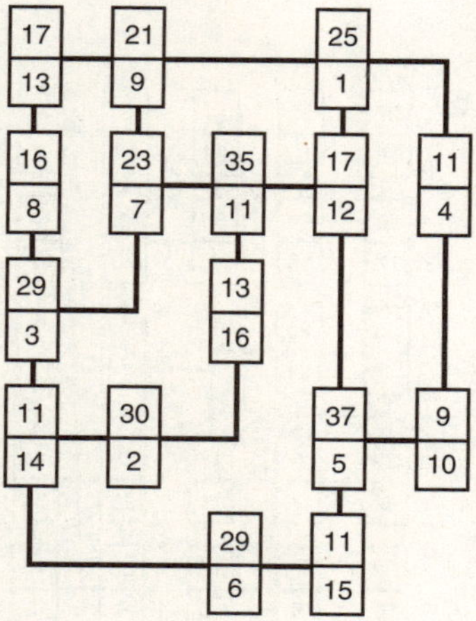
17 13
21 9
25 1
16 8
23 7
35 11
17 12
11 4
29 3
13 16
11 14
30 2
37 5
9 10
29 6
11 15

14

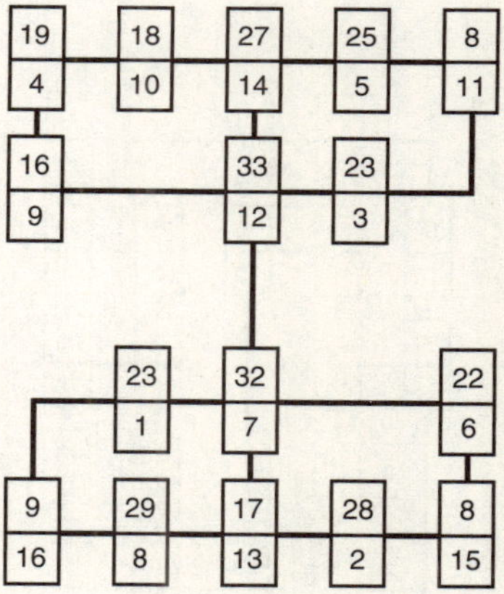
19 4
18 10
27 14
25 5
8 11
16 9
33 12
23 3
23 1
32 7
22 6
9 16
29 8
17 13
28 2
8 15

15

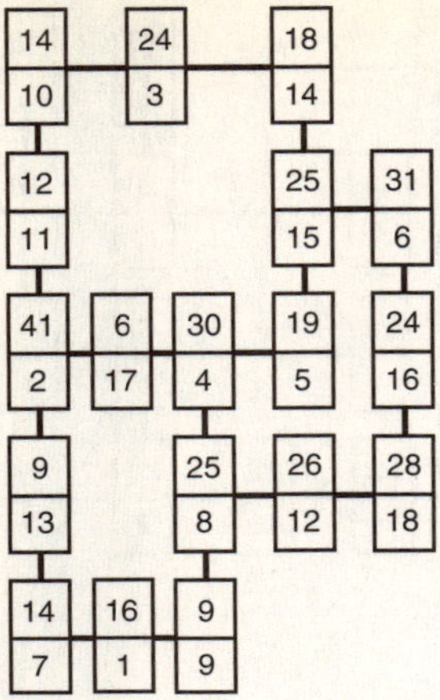
14 24 18
10 3 14
12 25 31
11 15 6
41 6 30 19 24
2 17 4 5 16
9 25 26 28
13 8 12 18
14 16 9
7 1 9

16

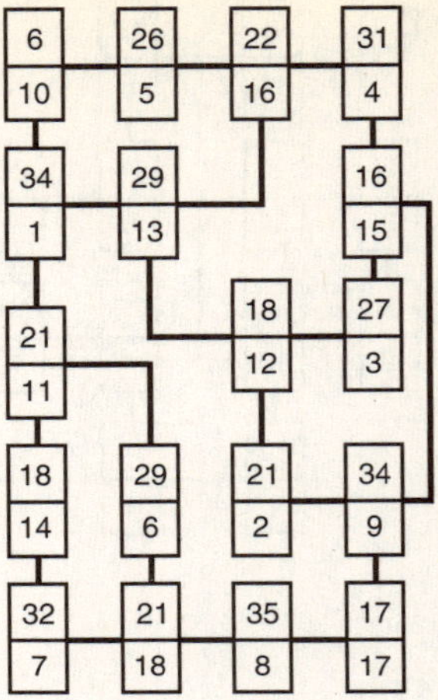
6 26 22 31
10 5 16 4
34 29 16
1 13 15
21 18 27
11 12 3
18 29 21 34
14 6 2 9
32 21 35 17
7 18 8 17

17

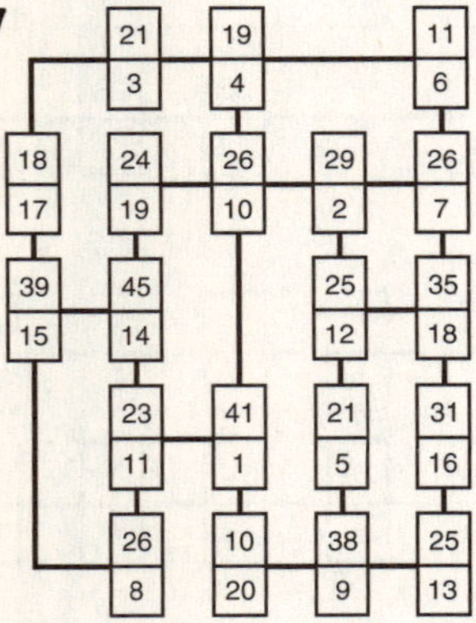
21 19 11
3 4 6
18 24 26 29 26
17 19 10 2 7
39 45 25 35
15 14 12 18
23 41 21 31
11 1 5 16
26 10 38 25
8 20 9 13

18

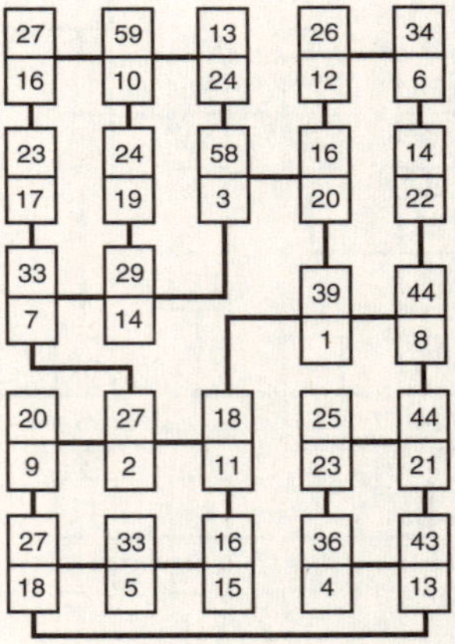
27 59 13 26 34
16 10 24 12 6
23 24 58 16 14
17 19 3 20 22
33 29 39 44
7 14 1 8
20 27 18 25 44
9 2 11 23 21
27 33 16 36 43
18 5 16 4 13

19

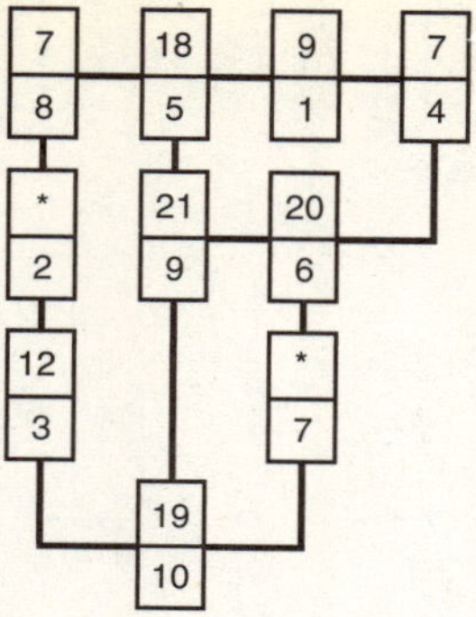

20

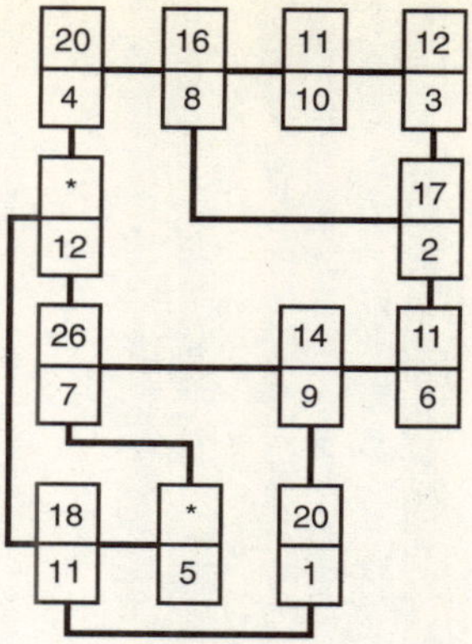

21

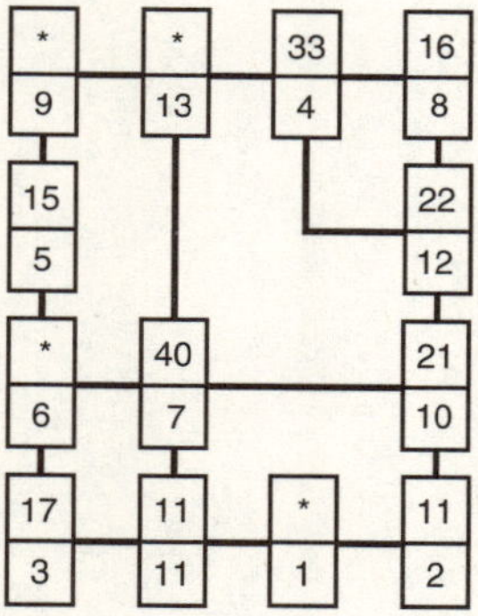

Même si tu as réussi tous les casse-tête, as-tu pu deviner la saveur de ton prix?